UNE PAGE

DE

L'HISTOIRE DU SIÉGE

UNE PAGE

DE

L'HISTOIRE DU SIÉGE DE PARIS

PAR LES PRUSSIENS

....

LA PREMIÈRE AFFAIRE

DU

BOURGET

PAR

UN GARDE MOBILE

PARIS

IMPRIMERIE ET LIBRAIRIE A.-E. ROCHETTE ET Cie

90, Boulevard Montparnasse, 90

— 1871 —

DÉDICACE

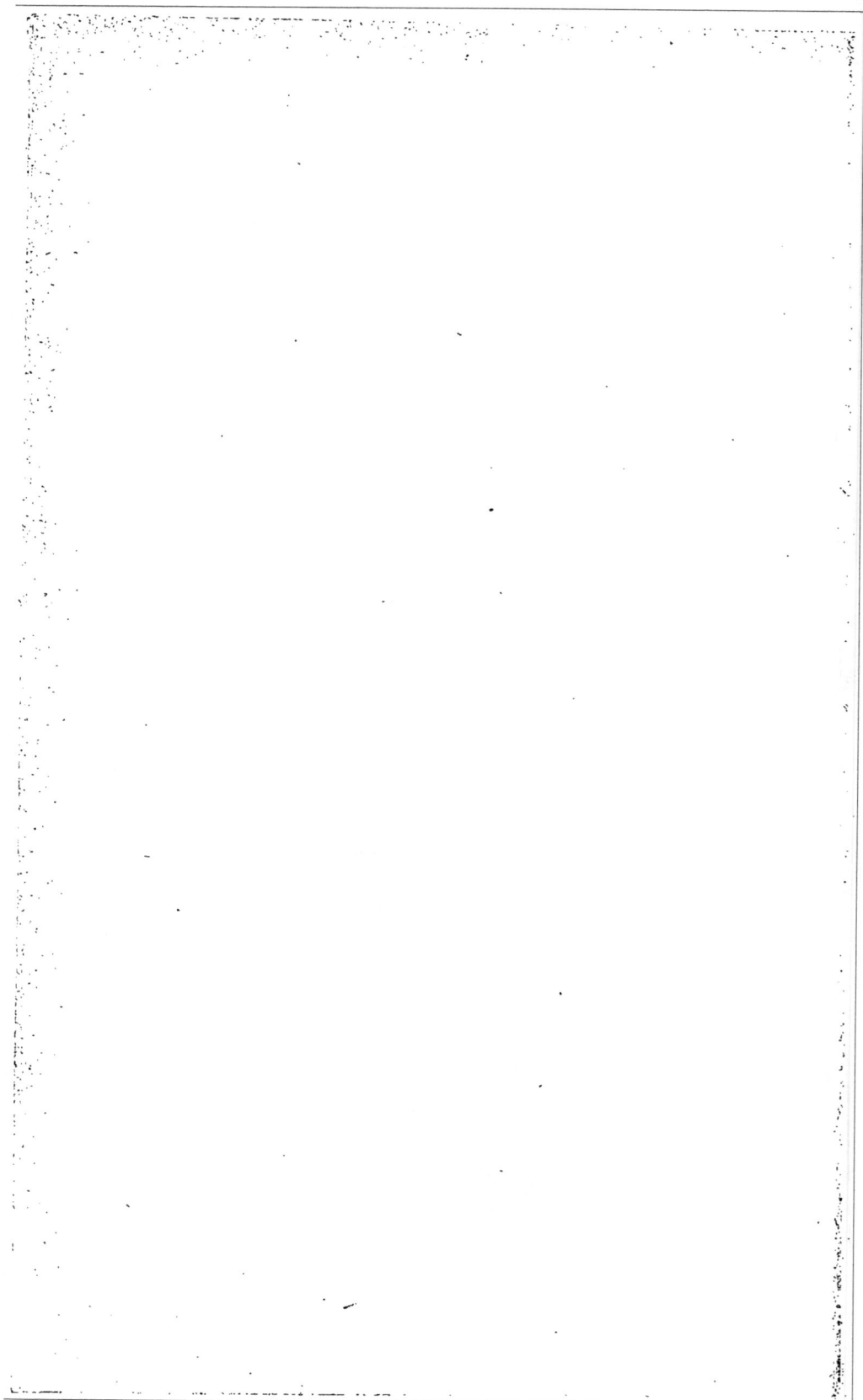

A mes braves Frères d'armes du 14ᵉ Bataillon
de la Garde mobile de la Seine

———

✦

C'est à vous que je dédie cette brochure! A
vous qui avez héroïquement payé votre dette à la
Patrie et qui, en retour, avez été si outrageu-
sement calomniés!

Chez tous les peuples, votre conduite eût été
l'honneur de la cité qui vous eût donné le jour,
et vous auriez eu une belle page dans le livre de
l'Histoire où sont inscrites les actions d'éclat.

Chers Compagnons, la grande ville, au milieu de ses souffrances et de ses douleurs, si sa
bonne foi n'avait été surprise par les récits men-
songers des lâches qui, pour sauver leur honneur
de soldats, vous ont sacrifiés honteusement, oui,
la grande ville vous eût glorifiés dans un ordre du

jour où votre valeur et votre patriotisme auraient été portés à la connaissance de tous ! C'eût été certainement une joie pour elle de proclamer la belle conduite de plusieurs centaines de ses enfants et de publier leur éloge.

Au contraire, vous le savez, votre courage a été méconnu. Vos actes ont été calomniés, et des imputations odieuses qui ont été pour vous, quand vous les avez connues, comme autant de soufflets à votre honneur, ont été répandues avec persistance sur votre attitude en face de l'ennemi.

Seul l'ennemi vous a rendu justice !

Vous vous le rappelez : lorsque, dans la captivité, la cruelle vérité est venue à nos oreilles, les cœurs ont bondi d'indignation et, tous, nous avons juré que nous réclamerions, à notre retour, une éclatante réparation.

Chers Compagnons, je suis certainement un des moins dignes de prendre votre défense ; je n'ai point une autorité suffisante pour me présenter en votre nom devant ce tribunal redoutable qu'on nomme : *l'opinion publique*.

Mais, je me suis souvenu que j'avais fait un serment, et je tiens parole.

Je ne dois pas oublier à vos côtés ceux qui, comme vous, ont bravement combattu et, comme vous, ont été atteints dans leur honneur : le 12e bataillon de la Garde mobile, les francs-tireurs de la Presse, les grenadiers et les voltigeurs du 28e de marche.

Cette brochure, où j'ai mis mon âme, est l'expression de la vérité : J'espère qu'elle atteindra le but que je me suis proposé et qu'elle sera le commencement de la réparation.

On doit à tous les défenseurs du Bourget une réparation publique. Justice doit leur être rendue! Je joins mes efforts à ceux qui sont faits par d'autres.

Dans cette œuvre commune, j'apporte mon faible concours, et, me rappelant la fraternité qui nous a toujours unis dans les camps et sur le champ de bataille et au sein de la captivité, je place, chers et braves compagnons, ces quelques pages sous votre patronage.

HENRI DICHARD.

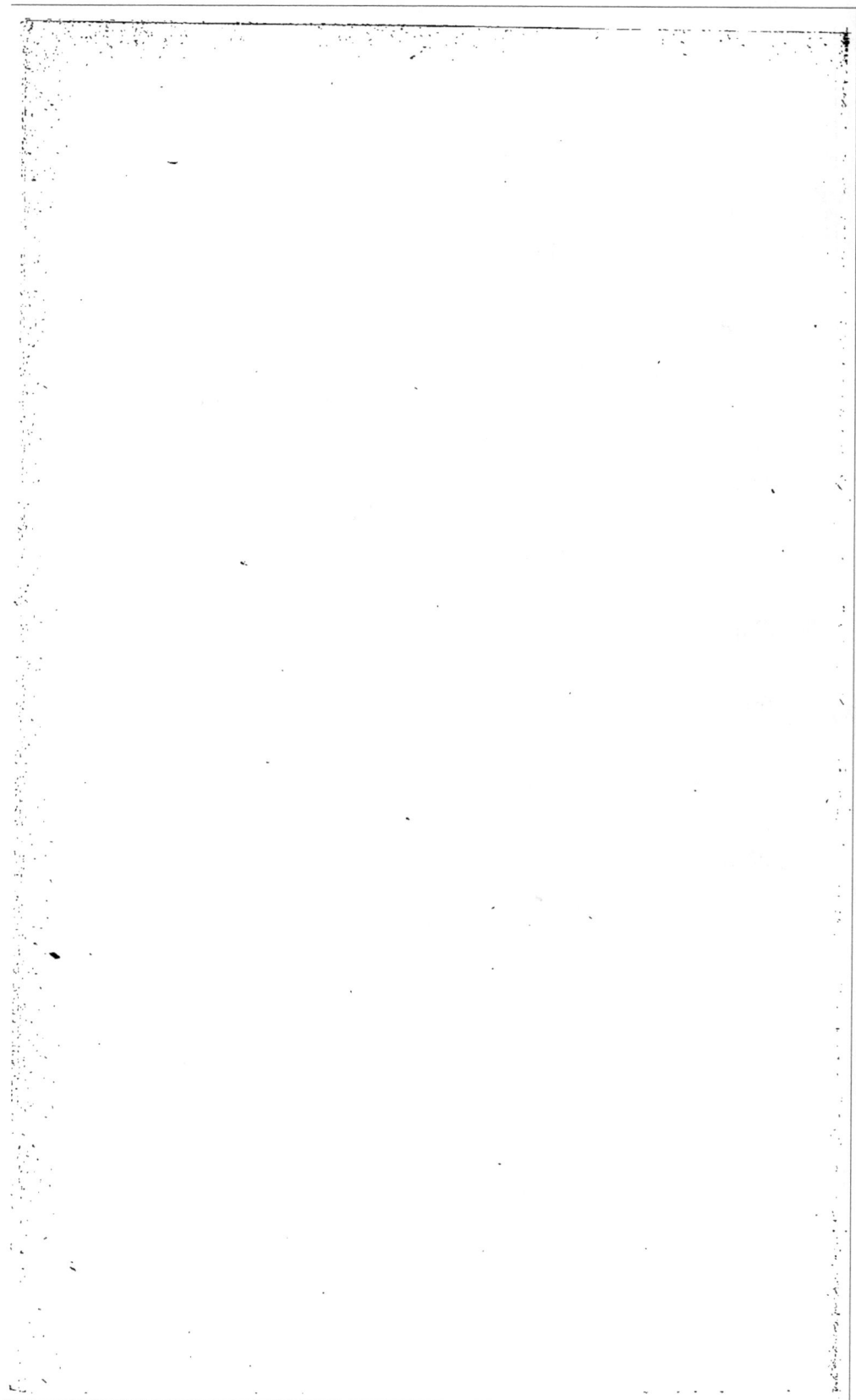

PROTESTATION DES OFFICIERS

FRANÇAIS PRISONNIERS [1].

La lettre suivante a été adressée d'Erfurt dans le courant de novembre au rédacteur de l'*Indépendance belge*.

Monsieur le Rédacteur,

Les officiers français, faits prisonniers à l'affaire du Bourget, font appel à votre impartialité et vous prient de vouloir bien insérer dans votre estimable journal la protestation suivante :

Jusqu'à ce jour, l'affaire du Bourget n'a été racontée que par ceux qui n'y étaient pas, soit par les réserves qui n'ont pas su ou pu nous prêter main-forte, soit par le commandement qui sent peser sur lui la lourde responsabilité de cet échec.

Ainsi, un rapport que nous avons lu dans l'*Indépendance* se termine en ces termes :

« *Quelques hommes* restés à l'extrémité du village sont » tombés au pouvoir de l'ennemi. » Un autre rapport affirme que les troupes du Bourget « *ont manqué de vigilance et se sont laissés surprendre.* »

Nous protestons énergiquement au nom de la justice et de la vérité.

---

1. Nous n'avons pas besoin de recommander cette pièce importante.

30 officiers et 1,200 hommes ont été pris au Bourget. Les autres sont restés sur le champ de bataille ; pas un n'a échappé, sauf les réserves placées en arrière du village et à La Courneuve, qui sans doute ont battu en retraite dès le commencement de l'action.

2,000 hommes sans artillerie ont résisté à 15,000 hommes pendant que 40 pièces de canon les écrasaient sous une pluie de mitraille.

Voilà le combat du Bourget dans sa simplicité. Nous avons été pris homme par homme, maison par maison, fidèles à la consigne qui nous ordonnait de tenir quand même, à tout prix.

Que faisaient pendant ce temps nos réserves ?

Pendant qu'une masse d'infanterie nous enveloppait de toutes parts, quelles étaient les dispositions prises pour s'y opposer ? Que faisaient les nombreuses garnisons de Saint-Denis et d'Aubervilliers ; que faisaient les canons des forts ?

Que de questions douloureuses se sont présentées à notre esprit !

Comment a-t-on poussé l'incurie jusqu'à laisser la Garde mobile et les francs-tireurs de la Presse, 3 jours sans vivres ? Le 28e de marche, qui était représenté au Bourget par 7 compagnies, est resté 48 heures dans la même situation. Les officiers qui, à Saint-Denis, avaient reçu l'ordre à 5 h. $1/4$ de partir à 5 h. $1/2$ avant leur repas, sont restés ainsi près de trois jours sans manger.

Comment n'a-t-on pas profité de l'enseignement de la veille (29 octobre) ? après la pluie d'obus qui avait écrasé le Bourget ce jour-là, il fallait ou évacuer la position ou envoyer de nombreux renforts pour nous empêcher d'être cernés, et surtout de l'artillerie.

Pendant 3 jours et 3 nuits, nos soldats sont restés constamment aux créneaux et aux barricades sous une pluie battante, malgré le bombardement, malgré le manque de vivres. Est-ce là un manque de vigilance ?

On parle de surprise. Il n'y en a pas eu ; nous avons vu distinctement, dimanche matin (30 octobre), l'ennemi établir de nouveau 40 pièces en batterie ; nous avons vu des masses noires d'infanterie se déployer dans la plaine, nous nous sommes préparés à la résistance et grand a été notre étonnement, lorsque nous nous sommes vus cernés de toutes parts, même par le sud du village où des dispositions aura ent dû être prises pour nous protéger.

Ecrasés d'abord par la mitraille, ensuite par le feu d'une troupe six à sept fois supérieure en nombre, nous avons exécuté l'ordre formel qui nous avait été donné de tenir quand même et nous avons été faits prisonniers, les armes à la main et maison par maison.

Que ceux à qui incombe la responsabilité de ce désastre aient le courage de la garder ! Quant à nous, notre honneur est sauf; nous avons fait notre devoir.

Ont signé :

MM. BRASSEUR, commandant au 28 de marche.
JANGE, capitaine —
FOURNIER, — —
LEMERCIER, lieutenant —
CORTA, — —
MARCHAND, sous-lieutenant —
O'ZOU DE VERRIE, capitaine au 12e bataillon de Mobiles.
GIRARD DE CAILLEUX, lieutenant —
SEVIN-DESPLACES, — —
DYONNET, sous-lieutenant —
FAUREZ, capitaine au 14e bataillon de Mobiles.
WALTER, — —
BOUET, — —
GIRARD, — —
BOCQUET, — —
LOISEAU, lieutenant —
MEUNIER, — —
SEMERIE, sous-lieutenant —
EXPERT, — —
SCHMELTZ, — —
DES CEPEAUX, — —
MOREL, — —
JOURDES, capitaine aux francs-tireurs de la Presse.
LEMESLE, lieutenant —
SOLON, — —
VALLÉE, sous-lieutenant —
NATUREL, — —

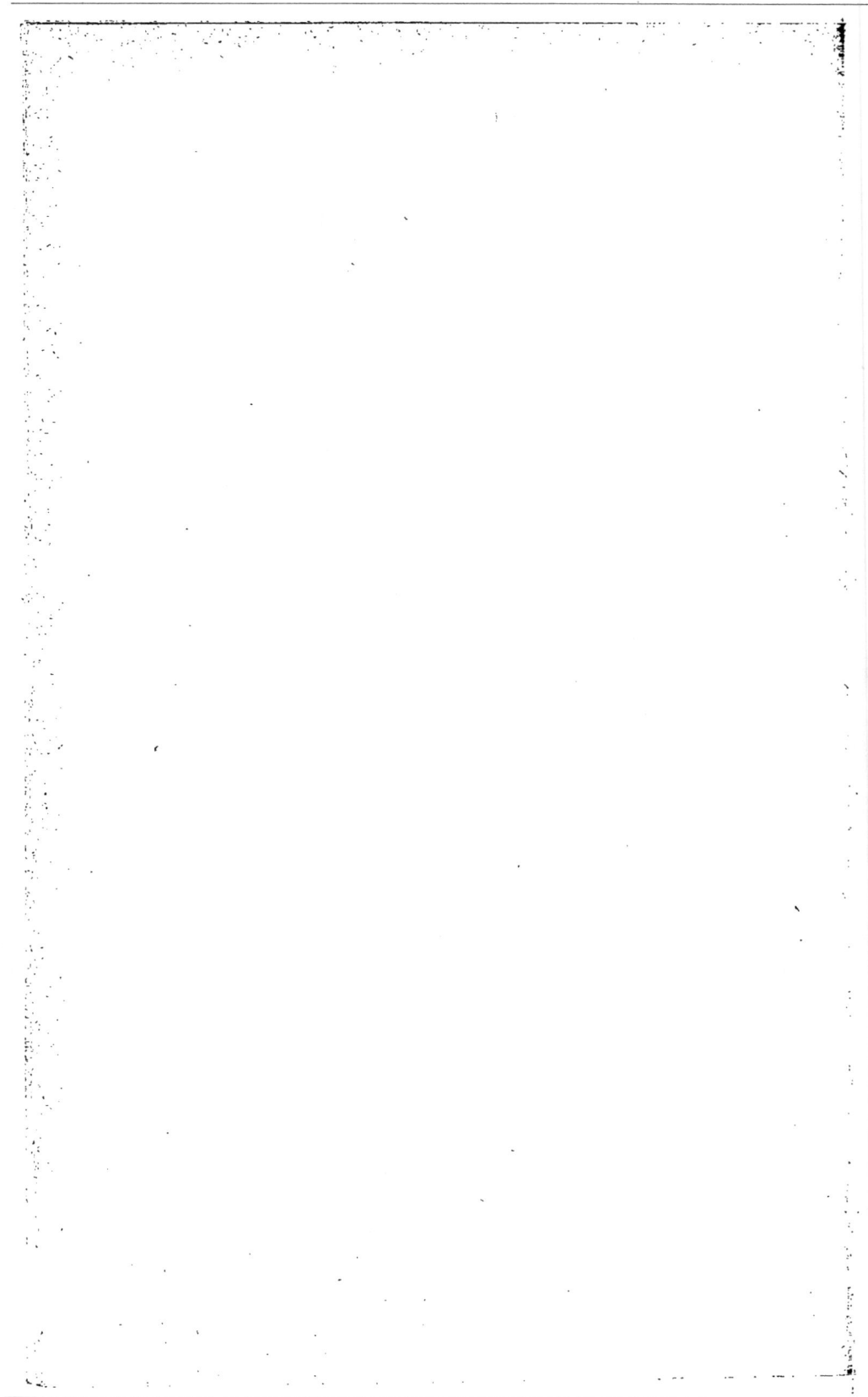

L A

PREMIERE AFFAIRE DU BOURGET

(30 Octobre 1870)

L'affaire du Bourget, soit dans ses proportions, soit dans ses conséquences militaires, n'a point l'importance d'une grande bataille. Son importance réside dans l'effet moral qu'elle a produit à Paris où, cependant, elle a été étouffée par les chefs qui étaient responsables de la défaite, et dans la leçon qui en découle.

Elle offre la fidèle reproduction des fautes qui, commises par nos officiers généraux dès le début de la campagne de 1870, se sont sans cesse répétées depuis et ont amené la France au triste abaissement qu'on sait ; elle démontre qu'à Paris, malgré la capacité incontestable et le génie réel du général Trochu, nos intérêts militaires n'avaient point été remis à des mains plus habiles et confiés à une direction plus vigilante ; elle dénote le peu de confiance qu'avaient, les uns en les autres, chefs et soldats ; enfin, elle prouve d'une façon péremptoire qu'on ne crée pas une armée aguerrie en deux mois et surtout combien la discipline, malgré les efforts des hommes de bonne volonté, était relâchée dans notre armée et est difficilement applicable à des troupes exclusivement formées de soldats pris dant les rangs des Parisiens.

Dans le cours du récit impartial que nous faisons de l'affaire, nous aurons souvent l'occasion d'adresser un blâme vigoureux aux auteurs du désastre et de juger sévèrement leur conduite. Nous le ferons durement, car ils ne méritent aucune excuse.

Des officiers supérieurs ont abandonné leurs troupes, imitant en cela l'exemple d'un grand nombre d'hommes qui, dès la veille, avaient abandonné leur poste. Et on a vu, par la suite, les déserteurs et les fuyards se partager les places de ceux qui avaient combattu et avaient été les victimes de l'impéritie des uns et de la lâcheté des autres.

Mais en face de cette conduite méprisable, que d'actes de bravoure et d'héroïsme ! Nous n'oublierons certes pas de les signaler.

Qu'on nous permette de terminer ces préliminaires en affirmant que cette troupe, dont la réputation a été si odieusement ternie, a été laissée aux prises avec un ennemi six à sept fois supérieur en nombre et muni d'une puissante artillerie : elle a rempli strictement son devoir, exécuté jusqu'au bout sa consigne et ne s'est rendue qu'après avoir épuisé ses munitions et alors que la résistance était devenue impossible.

Honneur donc à elle ! Mais honte aux lâches et aux déserteurs !

Le Bourget, village des environs de Paris, se trouve à 5 kilomètres de l'enceinte de la Capitale. Il est traversé dans toute sa longueur par la route de Flandres. Il s'étend fort peu en largeur. En arrière, au sud-ouest et à l'est, il est flanqué, à la distance de dix-huit cents à 2,000 mètres, par les villages du Grand-Drancy et de La Courneuve. En avant et à gauche est Dugny, au nord et un peu à droite Blanc-Mesnil et Aulnay, le Pont-Iblon en face.

Le Bourget est couvert par les feux du fort d'Aubervillers, qui est situé en arrière à 2,500 mètres; par ceux du fort de l'Est, éloigné de 3 kilomètres 500 et du fort de Romainville distant de plus de 4 kilomètres.

Le chemin de fer de Soissons le dessert après être passé

par La Courneuve. La voie, venant de ce dernier village, parcourt une ligne qui va du sud-ouest au nord-est ; elle passe au midi du village et se dirige sur sa droite au nord du Drancy.

Dès le début de l'investissement, les avant-postes prussiens, après avoir occupé La Courneuve et le Drancy, s'étaient repliés au Bourget. Cette position, peu importante au dire du général de Bellemare, dont nous n'acceptons pas l'opinion, malgré notre peu de compétence, était jugée autrement par les Prussiens, puisqu'ils n'ont pas hésité, pour nous la reprendre, à faire d'énormes sacrifices. Elle leur servait surtout à masquer leurs travaux en avant de Gonesse et à couvrir Dugny, Pont-Iblon et Blanc-Mesnil. Enfin, vers les mois de décembre et janvier ils y ont établi des batteries.

D'ailleurs, si pour nous elle était de si peu d'importance, pourquoi s'obstiner à la conserver après l'avoir prise ? Pourquoi ne pas se retirer après avoir effectué la surprise de nuit du 27 au 28 ?

L'envoi de renfort importants, le premier jour, prouve que l'opinion première du général de Bellemare n'était pas celle qu'il a consignée depuis dans son rapport au gouverneur de Paris et qu'il avait bien l'intention de conserver le village. Comment se fait-il alors qu'on n'ait rien fait de ce qu'il fallait faire pour le conserver ?

Le fort d'Aubervilliers avait fréquemment canonné, mais sans succès, l'entrée du village ; mais aucune tentative jusqu'alors n'avait été essayée contre le Bourget. Les différentes reconnaissances faites en avant du fort avaient bien constaté la présence de l'ennemi; mais en quel nombre ? — C'est ce qu'on avait toujours ignoré.

Entre le fort et le village, à 1 kilom. 500 du fort se trouve une usine. Cette usine, souvent visitée par les Prussiens et dont nous avions toujours négligé l'occupation, pouvait cacher des travaux de l'ennemi. Dans le courant d'octobre,

2

on finit par s'en emparer et y placer les grand'gardes du fort, tandis que sur la gauche, à La Courneuve, étaient établies celles que fournissaient les troupes campées au village d'Aubervillers ou cantonnées à Saint-Denis.

Les soldats, désireux de tâter l'ennemi et intrigués de notre inaction de ce côté de Paris, se demandaient souvent pourquoi on ne s'emparait point du Bourget : ils en croyaient l'occupation facile et utile. Beaucoup d'officiers eux-mêmes partageaient cette opinion. Sous cette impulsion, on décida dans l'entourage du général de Bellemare, à Saint-Denis, une expédition contre le Bourget.

On résolut de procéder à la prise du Bourget par une attaque de nuit ; ce furent les francs-tireurs de la Presse, placés, depuis le départ de leur organisateur, M. Aymard, sous le commandement de M. Rolland, qui furent désignés à cet effet.

Depuis quelque temps, ils souhaitaient ardemment d'être employés : l'inaction, d'ailleurs, désorganisait lentement le bataillon dont l'effectif s'était insensiblement diminué de moitié. Ils firent avec joie leurs préparatifs.

D'après les ordres reçus, ils devaient partir de La Courneuve à trois heures du matin, dans la nuit du 27 au 28 octobre. Ils étaient en tout 260, divisés en quatre compagnies. Deux compagnies devaient enlever le poste prussien qui gardait au sud l'entrée du village, pendant que les deux autres compagnies avaient pour mission de le tourner par la route de Dugny.

A l'heure dite et par une nuit obscure, ils quittèrent leur cantonnement et s'avancèrent résolument vers le Bourget. Le mouvement, des deux côtés, se fit avec vigueur et ensemble. Au sud du village, ils parviennent à cacher leur approche à la sentinelle prussienne qu'un des leurs, parlant allemand et qui était parti de l'avant, avait réussi à amuser quelque temps et à quelques pas de distance seulement.

Et quand la sentinelle, enfin détrompée, donna l'alerte, il était trop tard. Le poste prussien surpris était sorti précipitamment et en désordre.

Une vive et rapide fusillade s'engage dans la nuit, mais sans perte aucune pour les deux partis. C'est à cet instant que les deux compagnies qui avaient tourné le village viennent l'attaquer par la gauche. Les Prussiens, craignant d'être coupés, abandonnent la barricade du sud dont s'emparent immédiatement les compagnies qui attaquent de front et se replient à la hâte vers le haut du village et l'église où beaucoup d'entr'eux étaient déjà retranchés.

A ce moment, le fort de Romainville envoie des obus à l'entrée du village, mais il les envoie après l'heure arrêtée, et un de ces énormes projectiles, en éclatant, tue et blesse six francs-tireurs, les seules victimes de l'affaire !

Le demi-bataillon de droite du 14e bataillon de la Mobile de la Seine, de grand'garde à la Courneuve, reçut alors l'ordre de se rendre au Bourget pour y appuyer le bataillon des francs-tireurs, pendant que le demi-bataillon de gauche se préparait, à Aubervilliers, à le suivre, ainsi que d'autres troupes appelées de Saint-Denis.

4 à 5,000 hommes allaient bientôt se trouver réunis soit à l'intérieur, soit en arrière du Bourget. Un pareil déploiement de forces prouve à l'évidence qu'on craignait un retour offensif de l'ennemi.

Eh bien, pour soutenir ce nombre de troupes, le général de Bellemare envoya deux pièces de 4 et une mitrailleuse ! A La Courneuve, il y avait une section de deux pièces de 12. Voilà toute notre artillerie! Ce chiffre n'était-il pas dérisoire ? N'était-ce pas là la continuation des mêmes fautes ?

Quand le demi-bataillon de droite du 14e Mobile arriva au Bourget, les Allemands l'évacuaient, maison par maison, en tirant dans leur retraite de nombreux coups de fusil.

Ils occupaient le village au nombre de 250 environ, chiffre que comprend une compagnie prussienne, et on avait affaire à la garde royale prussienne.

Une partie était déjà sur la route de Flandres, en dehors du village, se retirant vers le Pont-Iblon. Le reste tiraillait de l'église qui se trouve sur la gauche, au nord, dans la rue principale du village. La 2ᵉ compagnie du 14ᵉ bataillon, pénétrant à ce moment par le haut du Bourget et allant donner la main aux francs-tireurs s'avançant par le sud, comment se fait-il que les Prussiens retranchés dans l'église n'aient pas été faits prisonniers jusqu'au dernier? Encore une fois, une faute avait été commise. Toutes les issues n'avaient pas été gardées et l'ennemi put s'échapper. Trois ou quatre soldats seulement restèrent entre nos mains.

Nous étions maîtres du village et les Prussiens étaient en fuite.

Aussitôt on déploya dans la plaine, pour couvrir le village, une ligne de tirailleurs qui fut retirée dans la journée et qui, naturellement, pour ne rien changer aux vieux errements, ne fut pas remplacée.

A partir de ce moment, nous allons être à même d'apprécier l'habileté des chefs qui commandaient, et voir quelles précautions ils ont prises pour conserver le Bourget si rapidement et si brillamment conquis, et sans perte aucune ce qui est encore mieux !

Vers midi, de nouveaux renforts arrivèrent, composés du 16ᵈ Mobile de la Seine, d'un demi-bataillon du 34ᵉ de marche et d'un demi-bataillon du 28ᵉ de marche. En arrière du village le 15ᵉ Mobile occupait l'usine dont nous avons parlé et était déployé dans la plaine ; il servait de réserve.

Le Bourget, comme nous l'avons dit, n'est composé à peu près que d'une grande rue bordée de maisons ; cependant, dans sa configuration, il offre quelques particularités dignes d'être signalées et qui devaient forcément appeler l'attention des officiers chargés de conserver le village et de le défendre à tout prix, comme la consigne leur en avait été donnée, contre une attaque de l'ennemi.

Au sud, se trouvent la gare qui commande la voie du chemin de fer et deux parcs dont le premier et le plus grand est enclos de murs [1], tous deux sont sur la gauche ; de ce côté et plus haut, mais avant d'arriver à l'église, on rencontre une rue transversale qui est la route menant à Dugny et qui est coupée, à son extrémité vers la plaine, par une ruelle qui part de l'église ; enfin, toujours en montant, et en dehors du village, au nord-ouest, et à 200 mètres, on voit un enclos isolé où l'on a accès par deux portes.

Du côté est, c'est-à-dire à droite, on remarque une rue s'embranchant obliquement à la partie nord de la voie principale et faisant avec elle un angle de cinquante degrés à peu près. Cette rue débouche dans la plaine et, à l'endroit où elle y aboutit, elle est prolongée sur sa gauche par un petit mur de trois pieds de haut et d'une longueur de 100 mètres environ. De ce côté, sur la droite, on remarque à une distance de 300 mètres une série de murs formant le quart de cercle et dont le premier appartient à la propriété formant l'encoignure de droite de cette rue.

Entre la rue principale et cette dernière, il n'existe qu'une seule propriété, enclose de murs, dont la grille principale s'ouvre à l'embranchement des deux rues. Une porte a claire-voies donne sur celle de droite. Cette propriété contient un petit château ayant une tourelle.

Le quartier-général fut fixé au château dont dépend le grand parc dont nous avons signalé l'existence au sud du village. L'ambulance fut établie sur la droite.

Quand le demi-bataillon de gauche du 14e Mobile, ayant à sa tête le lieutenant-colonel Roussan et le commandant Jacob, pénétra à son tour dans le village, les Prussiens avaient déjà demasqué quatre batteries d'artillerie dans la plaine, dont deux de position au Pont-Iblon. Nos deux malheureuses pièces d'artillerie qui s'étaient avancées au nord du village durent bientôt rétrograder et, après avoir

---

1. C'est contre ce parc que sont venus échouer les efforts des Français dans leur attaque du 21 Décembre, alors qu'ils avaient pu s'emparer de quelques maisons du bas du village et de tout le nord-ouest jusqu'à l'église y compris.

tiré une trentaine de coups, elles renoncèrent à soutenir un duel si inégal et se retirèrent définitivement.

On donna à chaque homme sa place derrière les murs faisant face à la plaine et où des créneaux avaient été pratiqués à la hâte.

A deux reprises, dans cette journée du vendredi 28 octobre, de 10 heures à midi et de deux heures à 5 heures, l'artillerie prussienne couvrit le village d'une pluie d'obus·

Il était beau de voir l'insouciance de cette jeune troupe devant ce feu véritablement effroyable et auquel elle se trouvait exposée pour la première fois! Chacun voulait ramasser un éclat d'obus. A ce jeu, on risquait beaucoup. Aussi, nos pertes furent-elles plus grandes que le jour suivant où la prudence vint fort à propos. Six à sept morts et une vingtaine de blessés, voilà ce que nous coûta ce double bombardement.

Le 14ᵉ bataillon de la Mobile de la Seine, en arrivant, avait été placé tout à fait en première ligne dans le village ; il y resta toute la journée et toute la nuit ; il garda cette position le lendemain et la nuit du samedi au dimanche ; il y sera encore le dimanche, quand se produira l'attaque de l'armée prussienne. En un mot, il fut tout le temps exposé au feu de l'artillerie ennemie.

Et cependant, M. le général de Bellemare, dans son rapport du 28 au soir adressé au gouverneur de Paris, dit : « Vers six heures, j'ai fait relever par des troupes fraîches » celles engagées depuis le matin, afin de les faire reposer » et manger la soupe. »

Or, les seules troupes engagées depuis le matin étaient les francs-tireurs et le 14ᵉ Mobile et, seules, elles n'ont pas été relevées, alors que le 16ᵉ Mobile, le 34ᵉ de marche et le 28ᵉ de marche, arrivés seulement vers midi étaient en effet remplacés à leur poste, vers 8 heures, par le 12ᵉ Mobile et 7 compagnies (4 de voltigeurs et 3 de grenadiers) du 28ᵉ de marche.

Tel est le respect de la vérité que nous trouvons dans

les rapports de M. le général de Bellemare, gouverneur de Saint-Denis.

Dans la journée du 28, les compagnies de garde au nord du village s'étaient empressées d'élever avec des pavés une barricade à l'extrémité de la rue principale.

Cette barricade, fort insuffisante à la tombée de la nuit, était cependant une protection efficace contre une attaque brusque comme celle qui eut lieu, en effet, vers 7 heures du soir.

Dans l'enclos isolé, dont nous avons parlé, on avait envoyé la 3e compagnie du 14e bataillon, sous le commandement du capitaine Faurez. A la barricade étaient postées les 7e et 8e compagnies ; enfin dans la propriété de droite se trouvait la 6e compagnie qui avait détaché quelques sentinelles pour garder la petite rue du même côté. Mais, dans la plaine, pas le moindre avant-poste, pas une sentinelle, rien, en un mot. Pourquoi ? Seul, le colonel Lavoignet, envoyé de Saint-Denis pour diriger la défense, et commandant supérieur, pourrait le dire.

A 7 heures les Gardes mobiles placés à l'enclos crurent entendre un bruit étouffé. Ils écoutent avec anxiété et finissent par croire à l'arrivée dissimulée avec soin d'une troupe nombreuse. Leur certitude augmentant, le lieutenant de la compagnie crie d'une voix forte : — Qui vive ? avertissement qu'il répète par deux fois.

On entend alors quelques chuchottements ; puis une voix répond en français : — France. — Quel régiment ? — Mobile ! — Quel bataillon ?... A cette dernière question, il n'est rien répondu. Chacun cherche alors à percer l'obscurité et prépare ses armes.

Tout à coup, des hurrahs bruyants déchirent l'air, des cris *Vorwœrts* retentissent, puis une fusillade effroyable éclate : ce sont les Prussiens qui viennent nous attaquer. Ils sont seulement à quelques pas.

La même scène s'était produite à la barricade.

Au bruit de la mousqueterie, tous les hommes qui se trouvent dans les maisons sautent sur leurs fusils et sortent, quelques-uns malheureusement, il faut le dire, pour rentrer aussitôt, car les balles sifflent de tous côtés et viennent frapper sur les murs ou ricocher sur les pavés, mais la plupart pour aller à l'ennemi sous la conduite de leurs officiers.

A l'enclos, la 3ᵉ compagnie et son énergique capitaine luttent derrière les murs. La deuxième compagnie qu'essaie d'amener le lieutenant-colonel Roussan s'arrête sous une pluie de balles ; elle se replie, après avoir perdu quelques hommes. Seuls, une dizaine d'hommes se portent, dans la petite rue de gauche, à une petite barricade qui a dû être élevée par les Prussiens alors qu'ils occupaient le village.

La 3ᵉ compagnie, réduite à ses seuls efforts se défend énergiquement contre les grenadiers prussiens dont les uns peuvent, tellement leur taille est élevée, tirer par dessus le mur et dont les autres ont introduit audacieusement le canon de leurs fusils dans nos propres créneaux.

Un moment, elle est compromise. Quelques Mobiles, pris de peur, ont quitté l'enclos et à la porte qu'ils ont laissée ouverte, en fuyant, apparaissent une dizaine de soldats prussiens. Le capitaine s'élance de ce côté, y entraîne avec lui quelques hommes qui, par une vive fusillade, délogent l'ennemi ; puis il attire à lui la porte qu'il referme. D'ailleurs il combat comme un soldat, donnant ainsi l'exemple aux hommes qu'il commande. Par un créneau apparaissait un fusil prussien ; saisissant un chassepot d'entre les mains d'un de ses soldats, il s'approche et, tirant par le créneau, tue l'ennemi et parvient à attirer à lui l'arme prussienne.

L'attaque, dura une demi-heure ; au bout de ce temps, l'ennemi battait en retraite laissant de nombreux cadavres derrière lui et emmenant ses blessés.

A la grande barricade, l'attaque avait été tout aussi vive. On s'était battu, pour ainsi dire, à bout portant. Des murs de droite, la 6ᵉ compagnie tirait dans la plaine, tandis que la 7ᵉ et la 8ᵉ compagnie, à la barricade, tenaient l'ennemi en respect.

L'intervention de la 5ᵉ compagnie, amenée par son capitaine et le commandant Jacob, le long de ce petit mur dont nous avons parlé et qui débordait sur la droite dans la plaine, mit enfin les Prussiens en déroute par une attaque de flanc qui jeta aussitôt le désordre dans les rangs.

A huit heures, la double attaque des Prussiens était victorieusement repoussée. Ils avaient dû subir de grandes pertes.

Nous avons su depuis que nous avions eu affaire à un bataillon.

L'ennemi avait espéré nous enlever le village par surprise ; et, par suite de la négligence avec laquelle nous étions gardés, il avait été bien près de réussir dans son projet.

L'énergie, le courage et le sang-froid du capitaine Faurez nous avait sauvés.

Que faisait pendant ce temps le colonel Lavoignet, remplissant les fonctions de général de brigade ? Il croyait à une méprise et se figurait que les gardes mobiles faisaient feu les uns sur les autres.

Le lendemain, il devait être détrompé, car il put voir, dès la pointe du jour, des cadavres et des blessés gisant à quelques pas seulement dans nos positions.

Il est vrai que la plupart de nos généraux se sont montrés de cette force. Que cela lui serve d'excuse, s'il sait s'en contenter !

La nuit fut calme, mais le temps exécrable. Quelques compagnies du 14ᵉ Mobile furent remplacées par des voltigeurs et grenadiers du 28ᵉ de marche, mais pour être transportées ailleurs. Le 12ᵉ Mobile, commandant Baroche, prit aussi les postes qui lui furent assignés. Personne n'eut de repos, car il fallait bien songer à fortifier le village. Les barricades furent terminées.

Dans son rapport du 28, M. le général de Bellemare

dit : « On travaillera toute la nuit, afin de rendre la posi-
» tion aussi défensive que possible. »

Voyons ce que le général appelle une position aussi
défensive que possible :

50 hommes de génie furent envoyés ainsi qu'un capitaine de la même arme pour mener à bonne fin une œuvre
où il eut fallu employer 200 hommes au moins. Des créneaux furent percés partout, il est vrai, mais il n'y eut
qu'un petit nombre de communications d'ouvertes entre
les jardins des maisons. C'est à peine si, le surlendemain,
on pouvait de maison en maison gagner l'église.

Une barricade fut établie sur la gauche du village à
l'extrémité d'une rue, ainsi qu'une autre, faite de branchages,
dans la rue de droite, mais de tranchées pour consolider
les murs et mettre les défenseurs des créneaux à l'abri des
obus et de la mitraille, d'épaulements en terre pour appuyer les barricades, il ne fut pas question ; mais on ne
prit pas de mesure pour établir immédiatement une com-
munication ininterrompue sur toutle parcours de l'enceinte
du village.

On laissa, en un mot, le Bourget dans des conditions
qui en rendaient une défense sérieuse impossible.

Le lendemain 29, comme la veille, le matin et l'après-
midi, le bombardement de l'ennemi recommença, terrible
et impitoyable. Quant à notre artillerie, toujours réduite à
deux pièces, elle tira vers le soir quelques coups seulement
sur la droite du village.

Les troupes attendaient impatiemment qu'on les re-
levât, car, depuis l'avant-veille, elles n'avaient pris aucune
nourriture ; elles n'avaient cessé d'être en faction par un
temps exécrable. Personne d'ailleurs ne comprenait
pourquoi on tenait tant de monde à la fois aux créneaux.

La plupart des soldats étaient exténués de fatigue.

Dans les bataillons de la Garde mobile on répétait à
haute voix que le général de Bellemare avait dit au lieutenant-colonel Roussan : « Vous avez voulu prendre le
» Bourget. Eh bien ! gardez-le à vos risques et périls. »

Enfin, on s'inquiétait de l'absence de toute artillerie et on redoutait, pour la nuit, une nouvelle attaque plus sérieuse cette fois de l'ennemi.

Voyant notre mécontentement, le lieutenant-colonel Roussan et le commandant Jacob nous dirent que les vivres étaient arrivés et qu'ils seraient distribués le soir même pour la soupe du lendemain matin ; ils nous affirmèrent qu'il y avait dans le village 14 pièces d'artillerie.

Cette dernière nouvelle surtout nous fit plaisir, car nous étions exaspérés de n'entendre tonner, depuis deux jours, que le canon prussien. Nous allions enfin pouvoir leur répondre.

L'ennemi ne nous épargnait pas les obus.

D'après ce que nous ont appris depuis des officiers prussiens, dans les 3 jours du 28, du 29 et du 30 il nous en fut envoyé plus de 5,000! ce qui était énorme relativement au peu d'étendue du village.

Malgré les espérances que firent naître en nos cœurs les affirmations de MM. Roussan et Jacob, les circonstances où nous nous trouvions, la faim, la fatigue, amenèrent une bien triste débandade vers la fin du 2ᵉ jour, débandade que ceux qui restèrent qualifièrent de fuite honteuse et dont ils furent profondément affectés.

Vers la fin du 2ᵉ jour, un grand nombre de Gardes mobiles, furieux de voir qu'on ne parlât point de nous relever, oubliant qu'en face de l'ennemi le premier et le seul devoir du soldat est de rester à son poste, quelque pénible que soit la consigne, et que le manque de pain, l'excès de fatigue ou la privation de sommeil n'excusent jamais la désertion, vers la fin du 2ᵉ jour, disons-nous, un grand nombre de Gardes mobiles, abandonnant leur poste sans en avoir reçu l'ordre, retournèrent à Aubervilliers et à Saint-Denis.

Et, il faut bien le dire, quelques officiers, en fermant les yeux, semblèrent autoriser une pareille conduite.

Imitant ce fâcheux exemple, le lendemain matin, dès la première heure, un certain nombre d'autres gardes quittèrent le village.

Par le fait de cette désertion, les effectifs furent dimi-
nués. Ainsi, dans le 14e bataillon, telle compagnie n'était
plus représentée que par 11 hommes, telle autre par 20, telle
autre par 35.

Fit-on quoi que ce soit pour ramener à leur poste les
hommes partis? Le général de Bellemare, le colonel Lavoignet, les chefs de corps ordonnèrent-ils de dresser un état
des absents, afin de faire un exemple salutaire pour l'armée
de Paris où, trop souvent, de pareils faits d'indiscipline se
sont produits, surtout dans la Garde mobile?

Non.

Par une coupable faiblesse, chacun ferma les yeux.

La nuit du 29 au 30 fut signalée par une pluie dilu-
vienne. Nos malheureux soldats, immobiles aux créneaux,
furent pénétrés jusqu'aux os. Leurs pieds s'enfonçaient
dans un terrain détrempé par l'inondation. Par endroits, le
sol était couvert de grandes flaques d'eau où on entrait jusqu'à mi-jambe.

Un moment, vers 10 heures du soir, une vive fusillade
mit tout le monde sur pied. Quelques vieux soldats de la garde
avaient cru voir une troupe faisant des mouvements dans
la plaine. Les officiers n'apercevant rien au milieu de l'obscurité firent cesser le feu, et chacun regagna en maugréant
son quartier. Le même fait se reproduisit dans la nuit.

De pareilles alertes n'auraient pu avoir lieu, si le front
du village, ainsi que ses flancs, avaient été gardés par de
petits postes avancés, et il est fort probable qu'on se serait
aperçu du mouvement tournant dont l'ennemi commença
l'exécution avant la venue du jour.

Les précautions les plus élémentaires, du reste, furent
négligées.

Ainsi, le clocher de l'église offrait un magnifique point
d'observation. Sous prétexte qu'il servait de point de mire
à l'artillerie prussienne, personne n'osa s'y rendre.

On s'était enfermé dans le village comme des aveugles
et on y restait aussi tranquille que si les Prussiens ne dus-

sent l'attaquer qu'après nous en avoir, au préalable, donné l'avis.

On prêta les mains, pour aiusi dire, à une surprise, et la surprise ne manqua pas d'avoir lieu.

Les Prussiens avaient un plan qu'ils mirent à exécution sans qu'on fît rien pour y mettre obstacle ou en empêcher les développements. Personne, M. le colonel Lavoignet moins que tout autre, ne s'attendait à l'attaque du lendemain, que cependant le moindre bon sens devait faire prévoir.

Le plan des Prussiens, pour nous reprendre le Bourget, était celui-ci : Deux divisions de la garde, c'est-à-dire 25,000 hommes, auxquelles furent adjoints les corps spéciaux des chasseurs et du génie et ayant à leur disposition, outre leur propre artillerie, l'artillerie du Corps [1], se tinrent prêtes pour le 30 octobre, au matin. Une division devait donner et l'autre rester en réserve.

Pendant que 5 batteries d'artillerie, placées sur les hauteurs et dans la plaine entre Garges et Blanc-Mesnil, devaient écraser le village sous une pluie d'obus et de mitraille, trois colonnes devaient l'envelopper et couper la retraite aux troupes qui l'occupaient.

La colonne de gauche [2], deux bataillons d'infanterie et trois compagnies de chasseurs, avec deux batteries, une légère et une de grosse artillerie, partie de Blanc-Mesnil pendant la nuit, avait pour mission d'empêcher tout renfort de nous arriver du Drancy ; elle devait occuper le chemin de fer, balayer nos réserves et enfin, prenant le village à revers, nous couper dans notre retraite.

La colonne de droite [3], deux bataillons, appuyée par

---

1. En Prusse, chaque division a sa propre artillerie. En plus, par corps d'armée, il existe un certain nombre de batteries auxquelles on donne le nom d'*Artillerie du Corps* et qui sont toujours disponibles et prêtes à se porter où le besoin s'en fait sentir.

2. Droite du village.

3. Gauche du village.

l'artillerie de la division, devait tourner le village par la droite, donner la main à la colonne de gauche, pendant que la colonne du centre, composée de quatre bataillons, devait l'attaquer de vive force par le nord.

Toutes ces troupes étaient placées sous le commandement du lieutenant-général von Budritzki.

Le reste de la division servait de 1re réserve. L'autre division et la cavalerie de la garde étaient prêtes à marcher [1].

Pour résister à une aussi puissante attaque, quelles étaient nos ressources?

A opposer aux nombreuses batteries prussiennes au nombre de 9, nous avions 2 pièces de 4 et une mitrailleuse au Bourget [2] et 2 pièces de 12 à La Courneuve !

En face des 25 ou 30,000 Prussiens, nous pouvions mettre en ligne, dans le village, le 14e bataillon de Garde mobile fort tout au plus de 450 hommes, le 12e dont l'effectif était de 550 à 600 présents, 7 compagnies du 28e de marche et 2 compagnies de ligne des 41e et 51e ainsi que 260 francs-tireurs de la Presse et 50 soldats du génie, en tout 2,500 hommes environ ; en arrière du village, le 15e bataillon de Garde mobile et 4 compagnies à La Courneuve, à peu près 1,800 hommes.

Dans ces conditions, après une courte résistance et en l'absence de tout renfort, il fallait évacuer le village à la hâte. Bien mieux, devant le mouvement des Prussiens qu'on n'avait pas su prévoir et auquel on ne pouvait, sans artillerie, s'opposer, il ne fallait pas attendre leur attaque.

Mais un bandeau semblait recouvrir les yeux de nos officiers supérieurs; ils ne s'aperçurent point des ma-

---

1. Dans son discours à la Chambre, le général Trochu a dit que l'ennemi avait toujours *refusé* son infanterie. Ce jour-là, il l'offrait et en plaine. Quelle belle occasion a été manquée ! Le général n'a-t-il pas regretté plus tard qu'on n'en ait pas profité?

2. Les 14 pièces d'artillerie existant au Bourget, d'après le dire de MM. le lieutenant-colonel Roussan et le commandant Jacob, étaient de pure invention.

nœuvres des Prussiens, ils ne virent rien, et on se trouva pris comme dans un filet.

Dès le matin, des soldats, des sous-officiers, des officiers avaient vu les masses d'infanterie ennemie se déployer dans la plaine. On court avertir le colonel Lavoignet, le lieutenant-colonel Roussan ; ils ne daignent pas se déranger. Ils prétendaient que la consigne étant de garder le Bourget, à tout prix, il fallait y rester.

Y sont-ils restés eux-mêmes ?

Toujours est-il qu'on commença à préparer la soupe et qu'on assigna à chacun son poste, tout en disant bien haut qu'une demi-brigade allait arriver de Saint-Denis pour nous relever.

On savait bien qu'il n'en serait rien.

A 8 heures c'étaient les Prussiens qui se chargeaient, eux ! de nous relever.

Chacun prit sa place de bien mauvais cœur et regardant derrière soi s'il ne voyait rien venir.

Les estomacs étaient bien creux et les jambes bien raides !

A sept heures le bombardement recommença : 40 pièces d'artillerie de 6 et de 12 criblèrent le village de projectiles. Les coups se succédaient avec rapidité. La détonation des pièces, le sifflement des projectiles, l'explosion des obus, l'écroulement des toits et des fenêtres des maisons, tout faisait rage en même temps.

Ce dernier bombardement fut tel, que de vieux soldats qui avaient assisté aux campagnes d'Italie et de Crimée nous affirmèrent n'avoir jamais rien vu de pareil.

Le tir des Prussiens était d'une justesse étonnante; aussi les soldats français se dissimulaient-ils avec le plus grand soin au pied des barricades ou à la base des murailles. Beaucoup, déjà énervés par la fatigue, restaient immobiles, anéantis, attendant la mort avec l'insensibilité de l'indifférence.

Un spectacle dont ils avaient été témoins quelques minutes avant le commencement de cette canonnade acharnée

avait été peu fait pour leur donner quelque espoir et relever
leur courage.

Nos deux pièces d'artillerie, sous la conduite d'un officier, avaient remonté la rue du village et s'étaient avancées à
à une vingtaine de mètres de la grande barricade. L'officier, s'approchant encore de quelque pas, avait regardé
pendant quelques instants dans la direction de la plaine et
s'était écrié immédiatement, en faisant opérer une volte-
face à son cheval : « Il n'est que temps. Leurs batteries
sont en position. Vite! demi tour et au galop! » Et la troupe
stupéfaite avait vu nos deux pièces redescendre la rue à
fond de train, afin de se mettre à l'abri.

Le feu de l'ennemi dura plus d'une heure avec une in-
tensité toujours croissante. Les toits des maisons s'effon-
draient de toutes parts avec un bruit lugubre qui durait
parfois une minute entière ; les murs commençaient de s'é-
crouler.

A la barricade de la grande rue, frappée sur son sommet
par les projectiles, les lourds pavés volaient en éclats et
retombaient sur la tête et les reins des hommes abrités
derrière ce rempart, qui allait bientôt devenir insuffisant
et périlleux.

Chacun pensait que deux heures d'un tel bombardement nous obligerait à évacuer le Bourget.

Mais beaucoup ne se doutaient point que ce n'était là
que le commencement et que nous allions avoir affaire à
l'ennemi attaquant de tous les côtés à la fois.

C'est ce qui arriva vers 9 heures et sans que les dispositions voulues pour le repousser eussent été prises. Une
partie des troupes, officiers et soldats, étaient dans les
caves.

Sur le front du village, voici dans quel ordre nous
étions déployés : le 14ᵉ bataillon sur la droite et au centre,
une partie du 28ᵉ de marche, voltigeurs et grenadiers ve-
naient ensuite et le 12ᵉ bataillon sur la droite. Au quartier-
général était placé le reste du 28ᵉ de marche, les deux com-

pagnies de ligne; sur la gauche, aux petites barricades des grenadiers et des Mobiles du 14ᵉ, ainsi que dans le parc.

Il n'y avait point de poste assigné aux francs-tireurs [1] qui restèrent dans les maisons où ils s'étaient établis.

La barricade principale, que l'artillerie prussienne criblait de projectiles, dût à la fin être abandonnée de la compagnie de Gardes mobiles qui la gardait; les hommes furent dirigés immédiatement aux créneaux des murs faisant suite à la barricade. Ils ne purent bientôt s'y tenir. Le feu de l'ennemi redoublait de fureur; de grands pans de murs s'abattaient avec fracas sous les boulets pleins.

Les Prussiens se mirent alors à envoyer des boîtes à mitraille et des obus à balle.

Au même instant, des masses d'infanterie se montrèrent dans la plaine, sur la droite et la gauche du village. On vit les soldats prussiens se déployer en tirailleurs au pas de course et s'avancer vers nous en rampant. Aussitôt la fusillade éclata de toutes parts, furieuse, terrible. Elle n'arrêta point l'ennemi dans sa marche.

C'est alors que les cris : « Nous sommes cernés; les » Prussiens sont en bas du village! » s'élèvent de partout et répandent l'effroi dans tous les cœurs. Les soldats abandonnent en masse les créneaux, les uns pour se réfugier dans les maisons, les autres pour gagner les issues et tâcher de fuir.

Mais il est trop tard!

Les Prussiens avaient déjà pénétré dans le village; ils tenaient la barricade du sud; ils entraient sur la gauche et sur la droite par des brèches pratiquées dans les murs par leurs pionniers.

---

1. Depuis le moment où les francs-tireurs avaient exécuté leur coup de main, on ne les avait plus employés. Et cependant n'aurait-on pas dû leur confier la garde d'avant-postes du village? Tout, dans cette affaire, semble avoir été fait à l'encontre du bon sens.

Que s'était-il donc passé ?

L'ennemi s'était porté, dans son mouvement sur notre' gauche, jusqu'à La Courneuve, sur notre droite. Les Prussiens étaient parvenus jusqu'au chemin de fer de Soissons, s'étaient emparés de la ligne, y avaient établi deux batteries d'artillerie et avaient balayé nos réserves, tout en nous isolant du Drancy.

Nos réserves avaient lâché pied. La débandade s'était communiquée jusqu'à l'usine et à La Courneuve. Nos pièces d'artillerie avaient immédiatement évacué le Bourget, ainsi que les compagnies de ligne, et plusieurs compagnies du 28e de marche. Une ligne de tirailleurs reliant le Bourget à La Courneuve s'était rompue, les soldats abandonnant leur poste avec précipitation devant les Prussiens.

Dans le village, il n'y avait plus de commandement pour organiser la résistance ou ordonner la retraite. Le colonel Lavoignet avait quitté le village ; son exemple n'avait pas tardé à être imité pas plusieurs autres officiers supérieurs, entr'autres le lieutenant-colonel Roussan et le commandant Jacob, abandonnant ainsi l'un et l'autre le 14e bataillon de Gardes mobiles placé sous leur commandement immédiat.

Le désordre était au comble ; toutes les armes mêlées, confondues ; mobiles, grenadiers, voltigeurs, génie, francs-tireurs, étaient entassés dans les maisons.

Nous étions 1,600 voués à la mort ou à la captivité.

Les officiers ne retrouvaient pas leurs compagnies qu'ils n'avaient pas su rassembler ; les soldats demandaient leurs chefs à tous les échos et les accusaient de trahison ou de lâcheté.

Par une fatalité incompréhensible, les murs du parc avaient été abandonnés dès le début et, par cet endroit, l'ennemi avait eu un facile accès dans le village [1].

Les Prussiens, sous la conduite de leurs officiers au premier rang, comme toujours, inondaient les jardins.

---

1. C'est dans le parc que, le 21 Décembre, les Prussiens ont fait aux Français une si énergique résistance couronnée de succès.

La fusillade crépitait avec un bruit sinistre. Les balles sifflaient de tous les côtés; la mort, qu'on attendait en face, venait aussi bien de derrière que de droite et de gauche.

Dans la rue principale, la mitraille, crachée par des canons que l'ennemi avait approchés, vomissait la mort; elle fut bientôt jonchée de cadavres et inabordable. Des portes, des fenêtres, des lucarnes des maisons partait un feu incessant sur les Prussiens qui, abrités derrière les murs ou blottis dans les encoignures, visaient tout français qui passait à leur portée ou se montrait à une fenêtre.

Bientôt les forts français vinrent mêler leur grande voix à ce vacarme et, sans souci des troupes françaises qui luttaient dans le village, lancèrent à leur tour sur les maisons les lourds projectiles de leurs pièces de marine.

On se sentait perdu; mais, dans l'espoir qu'un secours viendrait peut-être, une grande partie de la garnison du Bourget lutta avec le courage du désespoir. Par leur feu meurtrier, nos braves soldats rendirent presque jusqu'à la fin la barricade principale infranchissable pour les Allemands qui, dans leurs efforts infructueux, perdirent deux de leurs colonels frappés à mort.

Le combat fut d'ailleurs magnifique de part et d'autre. Le commandant Baroche y trouva la mort d'un héros. Le matin, il avait eu comme un pressentiment de sa fin prochaine. Sachant qu'on ne pouvait nous envoyer d'artillerie de Saint-Denis, il dit au vicomte O'Zou de Verrie, capitaine dans son bataillon : « Il s'agit de se faire tuer ici », et il ne mentit pas à sa parole.

C'était un brave [1].

Le commandant Brasseur, du 28e de marche, lui aussi,

---

1. Les Prussiens rendirent justice à son courage : le lendemain, ils renvoyèrent par un parlementaire à nos avant-postes l'épée, la croix et le chronomètre de M. Baroche. Dans leurs journaux, ils firent un grand éloge de sa conduite.

déploya une bravoure héroïque. Il fut des derniers à rendre
son épée [1].

La conduite de la plupart des défenseurs du Bourget fut
digne de ces braves officiers supérieurs.

Mais tout cela ne pouvait nous sauver et, en prolon-
geant la résistance, ne servait qu'à augmenter le nombre
des victimes.

Jusqu'à près d'une heure, c'est-à-dire pendant plus de
trois heures, on tint les Prussiens en respect. Les maisons
ne furent prises qu'une à une. Chacune d'elles exigea un
véritable siége. L'ennemi dut employer le pic et la pioche
pour s'en rendre maître; il dut faire des brèches dans les
murs, escalader les fenêtres, pénétrer par les greniers.

A midi et demie, la victoire des Prussiens était défini-
tivé. A quel prix pour eux ?

Quel spectacle affreux, partout dans les rues et aux
seuils des maisons et dans les jardins ! Des hommes mutilés,
écrasés, méconnaissables, des cadavres par tas, des ruis-
seaux de sang, les murs tachés de fragments de cervelles
humaines, des débris de membres épars çà et là. Partout
des morts dans les attitudes les plus horribles et les plus
inattendues, des blessés pâles et gémissants. C'est là un
spectacle qu'on n'oublie jamais, quand on l'a vu.

Derrière la grande barricade, des monceaux de Prussiens ! Ils avaient payé cher leurs tentatives d'assaut.

Nous n'exagérons pas. Dans ce village qui compte
100 maisons à peine et de 6 à 700 habitants il y avait bien
1,200 victimes gisant de tous côtés.

Les francs-tireurs de la Presse s'étaient signalés entre
tous. Les derniers, ils se sont rendus. Il est vrai que le
bruit, peu fondé certainement, mais persistant, avait
cours parmi eux que les Prussiens les fusilleraient après la
victoire.

Beaucoup, bien que le drapeau blanc fut arboré, conti-

---

1. Voir à l'Appendice.

nuèrent la résistance et reçurent les Prussiens à la bayonnette quand ces derniers pénétrèrent dans les maisons. Ils
furent massacrés.

Le combat fini, on put voir de Paris et du haut des forts
trois longues files de prisonniers que les Prussiens condui-
saient à Gonesse.

Derrière les premiers murs, la musique de la garde
royale jouait une fanfare pour célébrer la victoire. Nous
marchions courbés sous la douleur, oppressés, les yeux
humides, indifférents devant les obus français qui tom-
baient sur la route et qui firent encore quelques victimes
dans nos rangs et dans ceux des Prussiens.

Le Bourget, que nous avions pris par un heureux coup
de main et que nous avions occupé trois longs jours, était
retombé entre les mains des Prussiens. La défaite était
consommée.

Les pusillanimes, les lâches, restés en arrière, allaient
répandre dans Paris le bruit du désastre et raconter des
hauts-faits que personne n'était en mesure de contester,
pendant que les braves, qui avaient échappé à la mort,
allaient expier leur bravoure dans la plus dure des capti-
vités.

Tel est le résumé de la première affaire du Bourget que
nous regardons, connaissant les détails de la seconde (21
décembre), comme la plus sérieuse.

Qu'on consulte les pièces justificatives qui forment
l'Appendice de cette brochure, rapports français et prussiens, et l'on verra avec quel soin le général de Bellemare,
en l'absence de tout contrôle, a dénaturé les faits et dissi-
mulé notre défaite. A ce point de vue, et à part l'exagération
naturelle après la victoire, les Prussiens se sont rapprochés
beaucoup plus de la vérité, bien qu'ils aient diminué nota-
blement le chiffre de leurs pertes.

L'affaire du Bourget a été très-sanglante. Un chroniqueur allemand n'hésite pas, en parlant de ce village si vivement disputé à la garde royale prussienne, à l'appeler *le lieu le plus sanglant des environs de Paris.*

L'empereur-roi Guillaume, dans une proclamation adressée à l'armée allemande de Paris, dans le courant du mois de décembre, parle des affaires de Champigny et du Bourget (30 8bre) comme des combats les plus acharnés que ses troupes aient eu à soutenir contre les troupes parisiennes.

Le prince Auguste de Wurtemberg, commandant de la garde royale, dans sa proclamation adressée au corps de la garde, le 30 8bre, dit que le Bourget était occupé par *les meilleures troupes de la garnison de Paris.*

N'était-ce pas rendre aux défenseurs du Bourget le plus bel hommage et certifier leur valeur ?

Partout, dans tous les documents, il est parlé des pertes relativement considérables subies par les Prussiens.

La proportion d'officiers qu'ils avouent avoir perdu eu égard au nombre de soldats — 34 sur 449 — est énorme, si l'on songe qu'il y a dans l'armée prussienne 4 compagnies par bataillon de 1,000 hommes contre 8 par bataillon de même force dans l'armée française, c'est-à-dire moitié moins d'officiers.

Il y a peu d'affaires qui aient donné lieu en Allemagne à autant de récits et de relations, et il n'y en a pas qui aient inspiré autant de dessins et de gravures.

Lisez les extraits de *l'Illustrirte Zeitung*, vous y verrez, à côté des preuves de la puissance des moyens d'action employés par les Prussiens dans l'attaque, celles non moins significatives de la résistance héroïque déployée par les Français.

Voilà ce qu'ont fait 15 à 1,800 hommes déterminés : l'ennemi leur a rendu justice.

Enfin le *Journal militaire*, de Berlin, faisant un compte-rendu de la 2e affaire du Bourget (21 X^bre 1870), a écrit ces lignes : « Les Français combattirent bien à la vérité, mais pas avec le mépris de la mort qui avait été déployé dans le premier combat du Bourget, le 30 8ᵇʳᵉ 1870.

Voyons, en opposition, comment le commandement de Paris et le général de Bellemare ont reconnu cette belle défense et de quels moyens ce dernier, inspiré par ces officiers supérieurs qui nous avaient abandonnés, s'est servi pour couvrir les fautes grossières qui avaient été commises.

Le *Journal Officiel* diminue à dessein l'importance de l'affaire.

« Un certain nombre d'hommes, dit-il, qui étaient dans la partie nord du village, ont été coupés du corps principal [1] et sont restés entre les mains de l'ennemi. On n'en connaît pas exactement le nombre, en ce moment. Il sera précisé demain. »... « Le village du Bourget, ajoute-t-il, ne faisait pas partie de notre système général de défense, son occupation était d'une importance très-secondaire [2], et les bruits qui attribuent de la gravité aux incidents qui viennent d'être exposés sont sans aucun fondement. »

Tels étaient les termes qui relataient cette défaite dont les résultats avaient une telle importance que, même dans Paris, elle a eu un contre-coup qui a failli amener la chute du gouvernement.

Quelle impudence !

Quelle accumulation de mensonges !

Dans Paris on apprenait en même temps la capitulation de Metz et l'affaire du Bourget. L'émotion fut grande [3].

---

1. Où donc se trouvait le corps principal N'était-il pas représenté par la garnison du Bourget, qui a été prise presque tout entière ?

2. Preuve : la tentative faite le 21 décembre pour le reprendre.

3. La plus grand part dans les événements du 31 octobre revient certainement à l'affaire du Bourget qui, pour nous servir des termes du général Trochu, avait vivement affecté l'opinion. La défense déjà importante par elle-même (16 à 1,800 hommes avaient disparu) avait dû être considérablement exagérée dans le public. N'est-il pas vrai d'ailleurs que,

Un mouvement, bientôt réprimé, eut lieu contre l'Hôtel-de-Ville où le gouvernement fut un moment prisonnier.

Mais bientôt, grâce à l'énergie de quelques bataillons de la garde nationale et de Gardes mobiles de province, le calme se rétablit ; mais l'affaire du Bourget fut étouffée.

Toute la faute retomba sur les *maladroits* qui, obéissant à leur consigne, résistèrent, comme on l'a vu, aux Prussiens et tinrent quatre longues heures devant les assauts répétés de toute une division.

Ils ne pouvaient pas se défendre, n'étant plus là, étant tous morts ou captifs.

Le général Trochu, dans une proclamation, leur donna le dernier coup en disant que cette troupe, après avoir surpris l'ennemi, *avait manqué de vigilance et s'était laissée surprendre à son tour.*

N'était-ce pas mérité ?

Pourquoi aussi n'avaient-ils pas suivi l'exemple des braves officiers supérieurs qui les commandaient ?

Mais ce ne fut pas tout. Dans le public le bruit se répandit et subsista depuis : qu'ils avaient été, pour la plupart, *cueillis* par l'ennemi dans les caves du Bourget en état complet d'ivresse.

C'est ainsi souvent que l'histoire est écrite !

Eh bien, tous nous avons été grandement indignés. Il y a des coupables et nous les désignons.

Ces coupables, ce sont :

Le général Carré de Bellemare,

Le colonel, depuis général, Lavoignet,

Le lieutenant-colonel Roussan,

Le commandant Jacob.

---

si on avait pu répondre à la capitulation de Metz par un succès, on se serait presque consolé à Paris ! Mais on apprenait une nouvelle défaite ; les esprits s'aigrirent contre le gouvernement de la défense nationale et Flourens et ses adhérents eurent beau jeu. Un succès au Bourget les aurait rendus impuissants et ils n'auraient rien tenté le 31 octobre ; ainsi n'aurait pu être écrite une des pages les plus lamentables du siége de Paris.

Et les soldats qui ont déserté leur poste le samedi, 29 Octobre et le dimanche matin 30.

Oui, nous avons été indignés en apprenant :

que M. de Bellemare avait été nommé général de division ;

que M. Lavoignet avait été nommé général de brigade ;

que M. Roussan avait depuis été décoré ;

et que M. Jacob avait conservé son grade.

Nous l'avons été en apprenant que nos collègues prisonniers étaient remplacés dans leurs grades par ceux qui avaient failli à leur devoir en face de l'ennemi.

Nous demandons une réparation d'honneur.

Celle que nous a donnée l'ennemi ne nous suffit pas ; il nous la faut de la part de nos concitoyens. Nous voulons que l'estime de Paris et de la France nous soit rendue.

A nos yeux, justice ne sera faite, elle ne sera entière que si les lâches et les déserteurs sont dégradés et flétris.

Nous demandons un conseil d'enquête.

Nous avons fait notre devoir, que le gouvernement fasse le sien devant la justice !

Mais pourquoi, dira-t-on, cette revendication ? Le public, après connaissance des faits, vous justifiera pleinement, bien mieux, vous glorifiera. L'opinion publique, en revenant sur son erreur, ne vous satisfera-t-elle donc point ?

Pourquoi cette revendication ?

Parce que, dans cette guerre néfaste pour la France, les actes de lâcheté et de trahison ont été trop nombreux pour n'être pas stigmatisés ;

Parce qu'un grand peuple, à moins de se résigner à la décadence, ne peut pas ne pas réagir contre une telle décomposition de ce qui a fait sa grandeur devant le monde entier : la réputation de bravoure et de courage de ses soldats ; parce que, s'il faut tout dire, c'est d'un triste exemple pour l'avenir.

Beaucoup de nos concitoyens ont prononcé tout haut et gravé dans leur cœur le mot sinistre qui a consolé tant de douleurs et séché tant de larmes de rage : le mot *Revanche*.

Or, quand l'heure de la revanche sonnera, nous ne voulons pas de lâches dans nos rangs ou à notre tête. Nous voulons et devons pouvoir compter les uns sur les autres.

La réparation que nous demandons serait une leçon salutaire.

Il est de notre devoir de l'exiger; il serait de l'intérêt de la patrie de l'accorder.

Il n'est pas possible que lorsque tant de soldats déshonorés en leur absence rentrent dans leur foyers ou dans leurs corps, il ne soit pas fait droit à leur requête, quand ils la font au nom de leur honneur outragé.

Si justice n'est pas faite, n'est-il pas à craindre qu'on exige des réparations individuelles? Car, qu'on ne l'oublie pas, ceux qui ont déserté ou fui, ceux-là sont aujourd'hui ou seront demain, pour la plupart, les chefs de ceux qui ont combattu bravement. Cette situation est-elle supportable? Que chacun reprenne sa place!

C'est là notre dernier mot. Espérons qu'il sera entendu [1].

Erfurt. Janvier 1871.

HENRI DICHARD.

---

(1) Depuis que ce récit est terminé, de nouvelles preuves sont venues confirmer la justice de la cause que nous défendons. Le *Journal Officiel* a enregistré dans ses colonnes un certain nombre de récompenses pour le 12ᵉ bataillon, 4 nominations dans l'ordre de la Légion d'honneur et 13 médailles militaires — sur 183 prisonniers dont 4 officiers. Le 14ᵉ bataillon a eu plus du double de prisonniers; il a subi — surtout à cause de sa position avancée dans le village — des pertes bien plus considérables que le 12ᵉ bataillon. Telle compagnie a eu plus du 5ᵉ de son effectif atteint. Eh bien, il n'a pas encore paru de récompenses le concernant. Pourquoi?

Sait-on d'ailleurs comment le lieutenant-colonel Roussau — car c'est lui qui seul a le droit de faire des propositions — a envisagé son devoir? Il a commencé par rayer tous les noms de ceux qui n'étaient pas blessés, comme si, seule, la blessure était un brevet de courage. Dans le 12ᵉ bataillon il n'en a point été ainsi. D'ailleurs, de toutes les façons, le 14ᵉ bataillon a été sacrifié par ses chefs supérieurs. Il est juste qu'aujourd'hui sa cause soit portée devant l'opinion.

Les mêmes observations peuvent être faites en faveur des francs-tireurs de la Presse si vaillants au combat, et le 28ᵉ de marche.

APPENDICE

PIÈCES JUSTIFICATIVES

DOCUMENTS DE SOURCE FRANÇAISE[1]

Rapport militaire (*français*) *du 28.*

Le général de Bellemare, dans la matinée, a effectué une surprise du Bourget avec les francs-tireurs de la Presse, qui ont débusqué l'ennemi. Dans la journée, les Prussiens ont attaqué avec des forces considérables et se sont repliés dans la soirée[2].

Nos troupes ont mis le village en état de défense et ont occupé également le Drancy.

Rapport du général de Bellemare (*Journal officiel*) AU GÉNÉRAL TROCHU.

Saint-Denis, 28 octobre 1870.

Monsieur le Gouverneur,

J'ai l'honneur de vous adresser le rapport sur l'occupation du Bourget, exécutée aujourd'hui par une partie des troupes placées sous mon commandement.

---

1. Bien entendu tous les passages soulignés l'ont été par nous, afin d'y arrêter l'attention. (L'auteur.)
2. C'est fort inexact. Les Prussiens ne firent de retour offensif que dans la soirée.

Voulant utiliser le corps des francs-tireurs de la Presse, dont le service était devenu inutile à La Courneuve, par suite des progrès de l'inondation du Crould, j'ordonnai hier soir au commandant des francs-tireurs de faire sur les avant-postes ennemis, établis au Bourget, une attaque de nuit ; je lui indiquai les principales dispositions et je fis prévenir les grand'gardes établies en avant du fort d'Aubervilliers et à La Courneuve de prendre les armes à trois heures du matin pour soutenir et appuyer le mouvement.

A l'heure prescrite, il fut exécuté avec autant de vigueur que de précision par les francs-tireurs sous les ordres du commandant Rolland. Sans tirer un coup de fusil, ils abordèrent les postes prussiens qui fuirent en désordre, abandonnant la plupart de leurs sacs et de leurs casques. Ils continuèrent à s'avancer dans le village, repoussant l'ennemi de maison en maison, jusqu'à 'église, où ce dernier était établi plus solidement. C'est alors que je les fis soutenir par une partie du 34ᵉ de marche et le 14ᵉ bataillon de la Mobile de la Seine ; **j'y envoyai en même temps le colonel Lavoignet, commandant la 1ʳᵉ brigade, pour prendre le commandement,** avec ordre de s'emparer du village et de s'y établir solidement.

Je fis appuyer l'infanterie par une section de 2 pièces de 4 et une mitrailleuse, et j'établis 2 pièces de 12 en avant de La Courneuve pour prendre l'ennemi en flanc. A 11 heures, je me transportai de ma personne au Bourget et j'y arrivai au moment où nous en étions complétement maîtres; je m'étais fait suivre d'une forte réserve composée du 16 bataillon de la Mobile de la Seine et d'un demi-bataillon du 28ᵉ de marche.

Vers midi, l'ennemi démasqua deux batteries de position au Pont-Iblon et fit avancer deux batteries de campagne sur la route de Dugny au Bourget, qui ne cessèrent, sauf à de rares intervalles, jusqu'à près de 5 heures, de tirer sur le village dont ils incendièrent quelques maisons.

Je fis retirer mon artillerie, qui ne pouvait lutter avec celle de l'ennemi, trop supérieure en nombre [1].

---

1. Ce déploiement d'artillerie, ainsi que l'attaque du soir, prouvaient sur-

Nos troupes restèrent dans leurs positions, quoique recevant pour la première fois ce feu formidable, et je n'ai qu'à me louer de leur sang-froid et de leur énergie.

Pendant ce temps, les sapeurs du génie faisaient les communications, crénelaient les maisons et rétablissaient les barricades. *Vers 6 heures, j'ai fait relever par des troupes fraîches celles engagées depuis le matin, afin de les faire reposer et manger la soupe* [1].

On travaillera toute la nuit, afin de rendre la position aussi défensive que possible [2].

La prise du Bourget, audacieusement attaqué, vigoureusement tenu, malgré la nombreuse artillerie de l'ennemi, est une opération peu importante en elle-même, mais elle donne la preuve que, même sans artillerie, nos jeunes troupes peuvent et savent rester sous le feu plus terrifiant que véritablement meurtrier de l'ennemi. Elle élargit le cercle de notre occupation au-delà des forts, donne la confiance à nos soldats et augmente les ressources en légumes pour la population parisienne.

Nos pertes, que je ne connais pas encore exactement, sont minimes (tout au plus une vingtaine de blessés et 4 ou 5 tués). Nous avons fait quelques prisonniers. Quand j'aurai reçu les rapports des chefs de corps et que je les aurai vérifiés avec soin, j'aurai l'honneur de vous envoyer le nom des officiers et soldats qui se sont particulièrement distingués.

Veuillez agréer, etc.

Signé : DE BELLEMARE.

P. S. — 29 octobre, 6 heures du matin.

Hier, à 7 $\frac{1}{2}$, l'ennemi essaya une attaque à la bayonnette sur la gauche du village. Reçu à bout portant par une compagnie du 14ᵉ bataillon de la Mobile, il s'enfuit à la première

---

abondamment que l'ennemi, attachant du prix à la possession du Bourget, tenterait une attaque sérieuse pour le reprendre. Il ne fallait donc point retirer notre artillerie, mais l'augmenter pour lui rendre possible la lutte

1. Nous avons prouvé que c'était inexact.
2. On a vu comment elle l'était

décharge [1], laissant. deux blessés entre nos mains. A la faveur
de la nuit, il put emporter les autres blessés et les morts,
parmi lesquels on assure que se trouve un officier. Les blessés
prisonniers ont déclaré que nous avions eu, devant nous, dans
la journée d'hier, 2 régiments de la garde et 4 batteries d'artillerie. La nuit a été calme ; rien de nouveau ce matin.

Extrait du *Journal Officiel.*

29 octobre, 7 h. du soir.

A la suite du rapport adressé ce matin, le général de
Bellemare a envoyé, vers midi, la dépêche suivante :
  « Le feu continue par intermittence, comme hier ; pas d'at-
» taque d'infanterie ; *nous sommes en très-bonne position ;*
» *nous tenons et nous y restons.*
  » Les résultats du combat d'hier soir ont été très-impor-
» tants ; le terrain, en avant de nos tirailleurs [2], est couvert de
» cadavres prussiens ; un des leurs, blessé, est prisonnier. »
  Dans l'attaque, le feu des batteries ennemies a cessé et elles
se sont repliées vers Gonesse.

Extrait du *Journal Officiel.*

30 octobre 5 h. 1/2 du soir.

Le Bourget, village en pointe en avant de nos lignes, qui
avait été occupé par nos troupes, a été canonné pendant toute

---

1. Inexactitude : le combat a duré près d'une heure.
1. Quels tirailleurs ?

la journée d'hier sans succès par l'ennemi. Ce matin, de bonne heure, des masses d'infanterie évaluées à plus de 15,000 hommes, se sont présentées de front, appuyées par une nombreuse artillerie, pendant que d'autres colonnes ont tourné le village venant de Dugny et de Blanc-Mesnil. *Un certain nombre d'hommes, qui étaient dans la partie nord du Bourget ont été coupés du corps principal et sont restés entre les mains de l'ennemi.* On n'en connaît pas exactement le nombre en ce moment. Il sera précisé demain.

Le village de Drancy, occupé depuis 24 heures seulement, ne se trouvait plus appuyé à sa gauche, et le temps ayant manqué pour le mettre en état de défense, l'évacuation en a été ordonnée pour ne pas compromettre les troupes qui s'y trouvaient[1].

Le village du Bourget ne faisait pas partie de notre système général de défense; *son occupation était d'une importance très-secondaire, et les bruits qui attribuent de la gravité aux incidents qui viennent d'être exposés sont sans aucun fondement.*

---

1. Cette phrase est, d'un bout à l'autre, un tissu d'inexactitudes. Le Drancy était occupé depuis le 28 et non depuis le 29. Le rapport militaire du 28 annonce d'ailleurs son occupation. Le Drancy a été, le 30, évacué dès le début de l'attaque des Prussiens. C'est cette évacuation qui leur a permis de s'établir solidement sur le chemin de fer, de nous isoler de ce côté et de se rabattre sur nos derrières. Il y avait, en fait de troupes, au Drancy, un bataillon de marine, le 8e bataillon de Mobile et les francs-tireurs Lafon-Mocquard.

4

EXTRAIT DE LA PROCLAMATION DU GÉNÉRAL TROCHU

AUX GARDES NATIONALES.

Le pénible accident survenu au Bourget par le fait d'une troupe *qui, après avoir surpris l'ennemi, a manqué absolument de vigilance et s'est laissée surprendre à son tour* [1], a vivement affecté l'opinion.

1er Novembre

Signé : TROCHU.

1. Qui donc était coupable de ce manque absolu de vigilance ? Qui donc s'est laissé surprendre ? Etaient-ce les officiers généraux et supérieurs qui commandaient ou la troupe qui obéissait ? La réponse ne peut être douteuse. Pourquoi alors le général Trochu accable-t-il la troupe qui s'est battue courageusement et a été emmenée en captivité et non les officiers qui, eux, eurent le bon esprit d'éviter le combat et les conséquences de la défaite ?

DOCUMENTS DE SOURCE ALLEMANDE[1]

DÉPÊCHE PRUSSIENNE.

Versailles, 1er Novembre.

Les pertes de la 2e division d'infanterie de la garde, dans le combat du 30 octobre ont été de 34 officiers et 449 soldats.

ORDRE DU JOUR

du prince Auguste de Wurtemberg, général, adressé au corps de la garde royale prussienne, à la suite de l'affaire du Bourget.

SOLDATS DU CORPS DE LA GARDE !

La deuxième division de l'infanterie de la garde, avec les

---

1. C'est à M. Edmond Rousset, rédacteur au *National* et sergent-fourrier au 14e bataillon, que je dois la traduction en français de ces documents allemands. Je saisis cette occasion pour dire que M. Rousset qui, lui aussi, est tombé entre les mains de l'ennemi, s'est fait remarquer au Bourget par son énergie, son sang-froid et son courage. Seul, de tous les sous-officiers de sa compagnie, il était présent au Bourget ; ses collègues avaient trouvé plus prudent et plus avantageux de s'esquiver dès la veille.

troupes des armes spéciales qui lui avaient été adjointes, a exécuté glorieusement l'attaque sur le Bourget.

Un village ceint de hautes murailles en pierre, mis en état de défense *et occupé par les meilleures troupes de la garnison de Paris,* a été enlevé à l'ennemi, *qui a défendu chaque ferme avec tant d'opiniâtreté que souvent les pionniers devaient ouvrir la route à l'infanterie.*

Bien que les pertes que cette victoire nous a coûtées soient relativement très-considérables, le corps de la garde n'en a pas moins acquis une nouvelle journée de gloire pour les annales.

Au nom du corps, je remercie, pour l'honneur qu'ils ont ajouté au corps, l'héroïque commandant de la 2e division de l'infanterie de la garde qui, le premier, a franchi, le drapeau à la main, la barricade qui fermait la route, ainsi que les combattants de toutes les armes.

VIVE LE ROI !

Gonesse, le 30 octobre 1870.

AUGUSTE, prince de Wurtemberg
Général commandant du corps de la Garde

Extrait du *Moniteur prussien.*

(Novembre 1870.)

Les détails du fait d'armes du Bourget commencent à être connus ; ils nous permettent de mieux apprécier les incidents de ce combat opiniâtre et glorieux.

Le terrain que la Garde devait traverser offrait de grandes difficultés. Par suite de l'établissement d'un barrage dans le canal de l'Ourcq, qui traverse la forêt de Bondy et qui coule au sud-ouest d'Aulnay, une des positions principales de la garde prussienne, les plaines de Drancy, Aulnay, Blanc-Mesnil, au milieu desquelles est situé le Bourget, ont été inondées ; quelques points élevés seuls sont visibles.

Les avant-postes de la Garde s'étendaient le long d'une hauteur qui domine du nord à l'est de la plaine ; une tentative faite le 28 pour chasser l'ennemi de ces hauteurs par des coups de canon resta sans effet. L'entrée du Bourget, en vue d'y établir nos troupes, offrait de très-grandes difficultés, ce village étant couvert par les canons de plusieurs forts de Paris : il est sous le feu direct de Saint-Denis, du fort de l'Est, du fort d'Aubervilliers et du fort de Romainville. Pour donner une idée complète des difficultés contre lesquelles la Garde eut à lutter, il faut encore noter que l'ennemi avait profité des 48 heures qu'il avait passées au Bourget pour barricader la localité et mettre les maisons en état de défense.

Le 28 au soir, la 2e division de l'infanterie de la Garde, sous le commandement du lieutenant-général von Budritzki, avait reçu du commandant supérieur de l'armée de la Meuse l'ordre de se mettre le lendemain en possession du Bourget.

Dans les dispositions prises, la division devait procéder à l'attaque en trois colonnes. Celle du milieu, formée d'un bataillon du régiment de la reine Augusta et de trois bataillons du régiment de la reine Elisabeth, s'avança par Pont-Iblon pour attaquer le village au nord, tandis que la colonne de droite, composée de deux bataillons du régiment des grenadiers de l'empereur François, prit le chemin de Dugny, et celle de gauche, comptant deux bataillons du régiment des grenadiers de l'empereur Alexandre et deux batteries, s'avança de Blanc-Mesnil pour se mettre, après avoir passé le ruisseau Moleret, en possession des travaux au sud du village, pour couper ainsi à l'ennemi la retraite sur Saint-Denis et sur Paris. Les Français chargés de défendre la position étaient au nombre de 6,000 [1]. En outre plusieurs bataillons étaient placés en réserve sur la route conduisant au sud-ouest de Paris.

Le combat commença à huit heures par des coups de canon

1. Dans le village même, les Français avaient des forces bien inférieures à ce chiffre, 2,500 hommes au plus.

dirigés des hauteurs entre Garges, Dugny, Blanc-Mesnil et Aulnay, sur le Bourget. En même temps, les régiments se mirent en mouvement. La colonne de gauche ayant besoin d'une avance de temps à cause de la longueur de la route qu'elle avait à faire, ce furent les deux bataillons du régiment Alexandre, sous le commandement du colonel von Jenner, qui partirent les premiers. Au commencement, ils purent avancer sans trouver de résistance et mettre en position leurs batteries dans le petit hameau de l'Eglise et passer le ruisseau le Moleret sous la protection de leur artillerie, en dépit des efforts que l'ennemi faisait pour les en empêcher.

Ces bataillons atteignirent ainsi la route au sud du Bourget, chassèrent l'ennemi de ses tranchées et barricades et refoulèrent les réserves qui se retirèrent rapidement. Mais dans le village même, *où les Français firent une résistance opiniâtre*, il y eut une mêlée sanglante. Le lieutenant-général von Budritzki s'était mis à la tête du régiment Elisabeth, et, après être descendu de cheval, il prit le drapeau pour conduire ses troupes à l'assaut. *Avec de très-grands sacrifices* on parvint à prendre pied dans le village. Le colonel Zaluskowski fut grièvement blessé — il est mort avant-hier soir. Le régiment de la reine Augusta était également arrivé au Bourget. Quelques soldats se disposaient à pénétrer dans une maison, lorsque le colonel comte Waldersée ordonna à ses hommes de s'arrêter, car aux fenêtres on agitait des mouchoirs blancs.

Le comte Waldersée, commandant du régiment, rétabli depuis quelques jours seulement des blessures qu'il avait reçues à Gravelotte et revenu tout récemment à son régiment, s'élança vers la maison pour parlementer lui-même avec les habitants. Tandis qu'il s'avançait, il fut atteint d'une balle tirée d'une fenêtre et qui le tua raide [1]. Un officier s'élança pour recevoir dans ses bras le colonel, mais il eut le même sort ; il

---

1. C'était là une accusation de trahison. Les officiers français, aussitôt qu'il l'ont eu connue, ont protesté par une lettre insérée à l'*Indépendance Belge*. Il a été établi depuis, et les Allemands l'ont eux-même reconnu que le comte Waldersée était mort au début de l'affaire, tué par un éclat d'obus

fut aussi tué par une balle. Lorsque les troupes virent ce spectacle, leur exaspération ne connut plus de bornes, et l'ennemi fut refoulé de tous les côtés par une attaque furieuse des Allemands.

Les résultats de ce combat sont connus : plus de 1,200 prisonniers et 30 officiers français non blessés. De notre côté, les pertes ont été grandes, surtout dans la colonne du centre qui a eu à soutenir la lutte la plus sanglante. Les régiments Augusta et Elisabeth ont perdu ensemble 30 officiers morts ou blessés ; le nombre des soldats tués s'élève à 400.

Il n'est pas douteux que l'ennemi n'ait eu l'intention de se fixer au Bourget et de s'y fortifier. La veille, par le chemin de fer de Paris à Soissons, on avait apporté aux avant-postes français au sud du Bourget de grandes quantités de provisions, consistant exclusivement en pain [1]. Le convoi entier est tombé entre nos mains. L'ennemi n'a eu que le temps de faire retourner les wagons vides à Paris. Le grand nombre des prisonniers prouve que, cette fois, on a pu cerner très-étroitement les troupes françaises. La Garde prussienne, par son infatigable persévérance, par le dévouement personnel de ses officiers et soldats, s'est montrée digne de son ancienne gloire.

Extrait de l'*Illustrirte Zeitung* du 10 octobre.

Le combat le plus important que la 4e armée ait eu à soutenir contre les troupes françaises bloquées dans Paris, a été la reprise du village du Bourget par la 2e division de la Garde.

Le village du Bourget, compris dans la position d'avantpostes du corps de la Garde, est situé à l'est de Saint-Denis,

---

[1]. Les Allemands avaient mal vu : le chemin de fer de Soissons était dans l'impossibilité de fonctionner par suite de la rupture du pont de Soissons.

sous le feu des forts ennemis de la Double-Couronne, Lunette de Saint-Denis, fort de l'Est et d'Aubervilliers et au sommet d'un triangle dont les positions françaises de La Courneuve et de Drancy forment la base méridionale. C'est un endroit riant, aux maisons solides et bien bâties, dont les jardins et les fermes sont entourés de hauts et forts murs en pierre.

Le 19 septembre, jour de l'investissement de Paris, le village fut abandonné par les Français, sans combat, et occupé par la garde prussienne. Cependant comme il servait de but aux lourds projectiles des forts ennemis, ce poste très-avancé ne resta ordinairement occupé que par une compagnie qui avait l'ordre de tenir le Bourget le plus longtemps possible contre une attaque ennemie, mais de se retirer sur Dugny lorsqu'elle serait en présence d'une force supérieure. Il se livrait là presque journellement de petits engagements d'avant-postes ; une attaque plus sérieuse se produisit le 28 octobre.

Ce jour-là, à 5 heures du matin, par un temps de pluie et d'épais brouillard, plusieurs détachements français venus de La Courneuve pénétrèrent dans le Bourget et occupèrent la partie méridionale du village. La compagnie qui se trouvait là se retira d'abord vers la partie septentrionale, puis jusqu'au Pont-Iblon.

Une reconnaissance entreprise le soir constata que le village était occupé par des forces importantes. *Comme l'occupation du Bourget est nécessaire pour les troupes d'investissement, parce que de là l'ennemi aurait continuellement inquiété les positions allemandes avancées et de plus aurait pu, par l'établissement de batteries au Bourget, menacer les positions du corps de la garde à Dugny et au Pont-Iblon,* la reprise du village fut ordonnée par le commandant en chef de la 4e armée. Le commandant de la garde, prince Auguste de Wurtemberg, confia la direction de l'entreprise au lieutenant-général von Budritzky, commandant de la 2e divison de la garde. Cinq batteries de l'artillerie du corps furent mises à la disposition de la division, à cette occasion, et quelques bataillons de la 1re division de la garde tenus prêts, comme réserve.

Le 30 octobre, à 8 heures du matin, les colonnes d'attaque se tenaient à Dugny, Pont-Iblon et le Blanc-Mesnil ; trois batteries montées ouvrirent alors, du Pont-Iblon, un feu violent et bien dirigé sur le Bourget. La colonne d'attaque qui était au Blanc-Mesnil (colonel von Jenner) se mit d'abord en mouvement — deux bataillons du régiment de l'empereur Alexandre — pour franchir le ruisseau Moleret, sur la route de Drancy, et se porter de là sur le sud du Bourget. En même temps partirent du Blanc-Mesnil, pour se porter à l'attaque, la 4ᵉ batterie légère et la 4ᵉ batterie de grosse artillerie de la garde, sous la protection de trois compagnies du bataillon de chasseurs de la garde.

La colonne portée à Pont-Iblon, que commandait le colonel comte von Kanitz, se composait du régiment Kœnigin-Elisabeth, du 1ᵉʳ bataillon du régiment Kœnigin-Augusta et de la 2ᵐ compagnie du génie de la garde ; à la tête de la colonne de Dugny (2 bataillons du régiment Kaiser-Franz) était le major von Derenthal. L'artillerie de la division était postée à Arnouville pour appuyer la section de droite, le 2ᵉ régiment des hulans de la garde à Bonneuil. Une vive canonnade accueillit les colonnes d'attaque qui s'avançaient, et plus d'un brave tomba en ce moment pour ne plus se relever. A la longue, les lignes de tirailleurs s'avancèrent jusqu'à une distance de 1,800 pas : dès qu'elles reçurent les premiers feux du chassepot, elles se portèrent en avant au pas de course, bien que la marche fût alourdie par les habits détrempés de pluie.

A la partie septentrionale du village, la colonne commandée par le colonel von Kanitz se trouvait dans une situation périlleuse. L'ennemi entretenait le feu par les créneaux pratiqués dans le mur d'enceinte et depuis une haute barricade qui, à l'entrée du Bourget, fermait la grande rue, prolongation de la large route (de Flandres). Le génie de la garde se mit alors à l'œuvre. Sous ses coups répétés, des brèches furent rapidement ouvertes dans les murs extérieurs, et les soldats, impatients de se mesurer avec l'ennemi, se précipitèrent audacieusement par l'étroite ouverture. Parmi les premiers entrés dans le village se trouvaient le colonel von Kanitz et le capitaine von Altrock. Cependant les Français s'étaient retranchés dans les maisons et dirigeaient des deux côtés un feu croisé sur la barricade qui fermait l'entrée du village.

Le 2ᵉ bataillon du régiment Kœnigin-Elisabeth s'avançait drapeau déployé, lorsqu'un coup de feu terrassa le porte-drapeau. Un sous-officier se précipita, saisit le drapeau et s'affaissa, lui aussi, frappé à mort. Le général von Budritzki descendit alors de cheval, saisit le drapeau d'une main forte et s'élança à la tête de ses grenadiers. Serrés derrière lui, les premiers rangs du bataillon arrivèrent au retranchement et bientôt après le drapeau blanc et noir flottait sur la barricade enlevée d'assaut. Là, à côté du commandant de la division, tomba le brave commandant du régiment Kœnigin-Elisabeth, colonel von Zaluskowski et bientôt après tomba aussi le comte von Waldersée, commandant du régiment Kœnigin-Augusta, qui était arrivé devant Paris quelques jours auparavant, guéri d'une grave blessure qu'il avait reçue à Gravelotte.

Les colonnes de l'aile droite et de l'aile gauche prirent part à l'attaque avec non moins de courage. Le détachement du colonel Von Jenner se jeta avec impétuosité sur le sud du Bourget, entre le village et les forts français, vers la gare, pour couper à l'ennemi la retraite vers Aubervilliers et La Cour-neuve. Les fermes au sud du Bourget furent aussi enlevées d'assaut, et enlevant chaque maison l'une après l'autre, les gre-nadiers Alexander s'avancèrent lentement, mais irrésistiblement, pour se réunir avec leurs camarades des régiments Kœnigin Elisabeth et Augusta. Pendant ce temps deux compagnies du régiment Kaiser-Alexander, soutenues par les batteries Seeger et Kaiser, avaient occupé la levée du chemin de fer pour tenir en échec la forte position du Drancy, d'où l'on pouvait envoyer de l'aide aux troupes occupant le Bourget.

La colonne du major von Derenthall était aussi arrivée au moment voulu sur le côté ouest du village, y avait enlevé une barricade, rompu les murs d'enceinte occupés par les chasseurs français et, de son côté aussi, poursuivait l'ennemi de maison en maison. *Le combat qui, dès ce moment, dura encore trois heures dans les rues du village, fut des deux côtés entretenu avec une terrible animosité.* Les Français déployèrent une rare habileté dans la défense des bâtiments fortifiés et le génie dut abattre les murs de plusieurs maisons pour permettre la marche en avant. Dès que les soldats de la garde eurent pénétré dans le village, les maisons tombèrent pour la plupart, après une courte résistance, entre les mains des Prussiens, car dans la mêlée les petits Français n'étaient ordinairement pas à la hauteur des gigantesque gardes. *Mais les documents officiels comme les lettres particulières rendent unanimement, aux troupes parisiennes, le témoignage qu'elles se sont défendues avec une grande opiniâtreté, avec le courage du désespoir.*

Les vaincus se rendirent enfin, mais seulement en partie, et pendant que les uns jetaient leurs fusils devant eux et demandaient merci, d'autres tiraient encore sur les soldats allemands qui voulaient les faire prisonniers. *Beaucoup sont encore tombés de cette façon, alors qu'on considérait déjà le combat comme fini.* Dans l'église du village, huit officiers français et une vingtaine de voltigeurs de la garde se défendaient jusqu'à la dernière extrémité, et les grenadiers du régiment Kaiser-Franz durent grimper jusqu'aux hautes fenêtres de l'église et tirer de là sur l'ennemi, jusqu'à ce que le peu d'hommes de cette brave troupe, qui restaient sans blessures, finissent par se rendre.

Enfin, des dernières maisons partit la sonnerie du clairon annonçant que les Français se déclaraient prêts à se rendre, et, à midi tout le village était entre les mains de la 2ᵉ division ; la garnison était en partie prisonnière, en partie repoussée en pleine déroute sur le chemin de Saint-Denis. Tant en tués qu'en blessés, l'ennemi doit avoir subi des pertes importantes, mais elles ne purent être constatées, parce qu'immédiatement après le combat de longues files de fourgons pour le transport des blessés vinrent enlever les hommes tombés. La position du Bourget, une fois reprise, fut couverte par les forts d'une telle pluie d'obus que le général von Budritzki retira ses hommes du village, n'y laissant que la garnison voulue.

La victoire acquise avec tant d'héroïsme fut payée par de lourds sacrifices ; 14 officiers et 44 hommes furent tués, 21 officiers et 405 hommes blessés. Le résultat du combat fut 1,250 prisonniers non blessés, avec 30 officiers dont 7 officiers d'état-major.

Extrait de l'*Illustrirte Zeitung*.

L'*Illustrirte Zeitung* a publié les lignes suivantes sur la participation prise par les chasseurs de la garde à l'attaque du Bourget.

Dans la colonne d'attaque partant du Blanc-Mesnil se trouvaient 2 $\frac{1}{2}$ compagnies de chasseurs de la garde sous le commandement du major von Boeltzig. Depuis le ruisseau Moleret jusqu'à l'entrée S. E. du village, bien barricadée, s'étend un mur haut de 6 pieds et long de 2,000 pas. Il n'était possible que sur trois points de pénétrer dans cette enceinte formidable. C'est là que fut dirigée l'attaque des chasseurs. Le commandant dirigea une compagnie et demie sur la barricade à l'entrée du S. E. et sur une brèche large d'à peine cinq pas, protégée par des créneaux pratiqués dans le mur. Les braves s'avancèrent au pas de course, formés en pelotons et avec peu de soutiens ; ils ouvrent un feu énergique à moins de 400 pas et encore à 200 pas ; ils tiennent les créneaux et la brèche sous un feu bien dirigé.

Vive le roi Guillaume ! Le capitaine von Arnim avec quelques chasseurs a atteint la brèche ; cinq pelotons suivent en courant avec rapidité, et sous la direction du commandant, qui se tient à cheval sur la brèche, pendant que le lieutenant von Arnim, avec les autres pelotons, prend la barricade du village.

Cependant la 1re compagnie, lieutenant comte Keller, a atteint la 3e position sur le mur ; elle a traversé le ruisseau Moleret sur un pont étroit et est arrivée en courant jusque dans le village. Les régiments Élisabeth, Alexander, Franz et Augusta ont pris l'enceinte de front et de flanc. Mais l'ennemi s'est établi dans les maisons et les fermes et entretient de là un feu violent sur les troupes qui approchent, pendant que la

grande rue du village est tenue sous le feu de l'artillerie de
campagne et que les forts envoient, dans le village, les lourds
projectiles de leurs canons de rempart, sans se soucier des
quelques troupes qui y combattent encore.

Les compagnies de chasseurs ont accompli la première
partie de leur tâche. Il leur reste maintenant à déloger l'ennemi des maisons et des fermes où il se défend vigoureusement, et à se réunir ainsi à l'infanterie qui envahit la rue du
village. Le chasseur se glisse en utilisant chaque butte de
terre, chaque arbre, chaque arbuste, pour se couvrir, et cela
jusqu'à ce qu'il soit arrivé à un endroit propre pour le tir.
L'ennemi se cache bien derrière les murs et les appuis des fenêtres et n'offre qu'au moment où il fait feu un petit but bien
prompt à disparaître. Le tir sûr du chasseur l'atteint à ce
moment et punit tout mouvement peu assuré. Le combat dure
trop longtemps déjà pour les jeunes officiers. L'adjudant von
Reclam et le lieutenant von Haugwitz s'avancent à la tête
de leurs hommes pour prendre d'assaut une ferme fortement
occupée. D'une fenêtre partent les coups mortels pour tous les
deux, mais la ferme est prise. — Le sabre et la crosse font
une sanglante moisson ; sous les coups de nos pionniers de la
garde, qui prennent part au combat avec une grande bravoure,
tombent les tuiles de la maison conquise ; les grenadiers se
sont avancés dans la rue du village ; le combat flotte de maison
en maison.

Le combat dans le village dura quatre heures; l'ennemi
laissa 1,200 prisonniers non blessés et un grand nombre de
tués et de blessés entre les mains du vainqueur ; mais aussi la
2e division de l'infanterie de la garde avait des pertes importantes.

DU LIEU LE PLUS SANGLANT

DES ENVIRONS DE PARIS [1]

Lettres et illustrations de F. W. HEINE (traduit de l'allemand.)

D'après votre désir, et après avoir reçu la permission du quartier-général de l'armée de la Meuse, je commençai mon voyage de ronde de Montfermeil, en parcourant un grand demi-cercle, à travers le 12e corps d'armée et le corps de la garde jusqu'au 4e corps d'armée, à Margency, où se trouve le quartier général du prince royal de Saxe.

Ceci se passait le samedi soir, 29 octobre, c'est-à-dire le jour où se préparait le terrible combat du Bourget.

Déjà le 20 septembre, les grenadiers de la garde du régiment Elisabeth avaient pris ce village sans de grands sacrifices. . .

. . . .

A Aulnay des soldats de la garde saxonne me racontèrent que l'on s'était fortement battu au Bourget dans la nuit du 28 au 29 ; comme j'ai appris plus tard, un bataillon de la garde — grenadiers François — avait voulu surprendre le village,

---

1. Nous ne soulignons dans ce morceau aucun passage : Tout serait à souligner.

mais avait été obligé de se replier avec une perte de 60 hommes tués et blessés. . . . .

. . . .

J'étais arrivé une fois encore tout innocemment dans le domaine du canon; à peine à mille pas, je voyais tomber les obus et les grenades, et par intervalles sifflaient les balles. . . . .

Je m'en allai à Montmorency où je trouvai le peintre Beck, et par lui j'appris les premières nouvelles de ce grand combat du jour devant et dans le Bourget. . . . .

Le lendemain nous partîmes à l'aurore. . . . .

Déjà à Gonesse nous faisons la rencontre de colonnes entières de blessés français et prussiens et plus d'un convoi de prisonniers passa devant nous. . . . .

. . . .

A peine avions-nous dépassé la barricade du Pont-Iblon que nous vîmes à notre gauche et à notre droite des monceaux de cadavres et nous rencontrions toujours des grenadiers de la garde avec des brouettes sur lesquelles étaient étendus leurs camarades devenus froids.

Sur cette route, nous apprîmes par les hommes ce terrible combat de rues, ce fait d'armes de la veille.

Toute la 2ᵉ division de la garde était présente à ce combat..

. . . .

Malgré un feu meurtrier qui sortait de chaque fenêtre, créneau, mur et cave, nos bataillons s'avançaient sans tirer un coup de fusil, drapeau déployé, musique en tête, les colonels et commandants à pied; seuls le général Budritzki et le commandant de brigade von Kanitz avec leurs adjudants à cheval. Il en fut ainsi jusqu'à cent pas de la barricade. Sur un signe, la musique se tut et nos soldats, poussant un hourrah, s'élancèrent vers les murs et barricades qui vomissaient la mort.

Inutilement ces hommes sacrifiaient leur vie contre ces masses de pierre; les morts étaient entassés les uns sur les autres devant les barricades, à dix pas de ces masses de pierre, ils écoutaient avec sang-froid comme à la parade le commandement de leurs chefs. . . . .

Ceux qui avaient échappé à la barricade trouvèrent enfin un

chemin à gauche ; les pionniers se frayèrent un passage avec
les haches. Une ferme fut prise, le toit défoncé, et les nôtres
entrèrent et commencèrent le combat des maisons. . . . . .

Crosses de fusil et baïonnettes travaillaient ensemble de
maison en maison, jusqu'à ce qu'enfin tout le côté gauche fut
conquis, c'est-à-dire la moitié du village.

De suite, dans la première cour, tomba le colonel du régiment
Augusta, le comte de Waldersée — on dit par trahison.   .   .

. . . .

Pendant ce combat de maisons, recommença l'assaut de la
barricade par le 2ᵉ bataillon du régiment Elisabeth. Le porte-
drapeau et, après lui, le caporal Carfunkelstein, décoré de la
croix de fer, tombent l'étendard en main. Déjà le courage
manque aux combattants, malgré la preuve de dévouement
que donnent plusieurs officiers en mourant à la barricade ;
c'est alors que le vieux général Budritzki arrive à pied, car
son cheval a été tué sous lui, ramasse le drapeau, et le sabre
tiré, crie à ses soldats : « En avant ! au secours ! »

Il n'y avait plus moyen de rester en arrière ; la barricade
tomba, mais avec elle plus d'un brave et, un des premiers, le
commandant Zalukowski, commandant cette troupe d'assaut.
Avec le combat des maisons, commença celui des rues, dans
lesquelles sifflaient les boulets des forts et les balles des mi-
trailleuses, pendant que de toutes les fenêtres, portes, toits et
caves, un feu si terrible et si meurtrier nous accueillait que les
pionniers étaient obligés de percer les murs pour déloger les
Français. Se serrant le long des murs, les grenadiers cher-
chaient à atteindre les canons des fusils des Français ou enfonçaient les baïonnettes dans chaque ouverture qu'ils aperce-
vaient. Le plus fort était dans les environs de l'église d'où on
tirait de deux grandes maisons avec une fureur que rien ne
peut égaler, jusqu'à ce que les nôtres purent enfoncer une porte
et pénétrer dans la maison.

Alors commença une véritable boucherie ; avec la crosse, la
baïonnette et les poings sanglants, il n'y avait pas de pardon à
espérer.   .   .   .   .

. . . .

5

La victoire était à nous. Mais à quel prix ?

Nous voici devant la barricade pleine de sang. Quel coup d'œil ! Non pas en rangées, mais en tas on voyait là les grenadiers et comme la mort les avait arrangés et couchés. . .

. . . .

On voyait la même chose dans la grand'rue ; cela me faisait penser à cette grêle qui avait passé sur Leipzig en 1860 ; seulement au lieu de grêlons, c'étaient des obus et des grenades, des balles et des baïonnettes. Des masses d'armes couvraient le sol au milieu desquelles on voyait les morts ; la plupart avaient succombé à la crosse ou à la baïonnette ; cela fait qu'on voyait les cervelles et le sang le long des murs. . . . . .

. . . .

Enfin nous partîmes de cet endroit après avoir visité et esquissé ce que nous avons voulu : quoique je sois habitué depuis longtemps à voir des combats horribles, je n'ai vu pareil spectacle qu'en ce lieu là *qu'on peut, sans mentir, appeler le lieu le plus sanglant des combats des environs de Paris.*

M. LE COMMANDANT BAROCHE

M. Baroche, fils de l'ancien ministre de l'empire, était commandant du 12ᵉ bataillon de la garde Mobile de la Seine.

Nous avons dit qu'il était mort en héros. Nous avons rappelé les paroles qu'il dit le matin et par lesquelles il traçait le rôle qui seul convenait à sa grande âme. Il comprenait son devoir et il l'accomplit sans hésitation. Au bout était la mort ; il l'attendit d'un cœur ferme et s'y prépara. Elle ne le surprit pas.

Il pensa plus à ses soldats qu'à lui-même. Pendant le combat, il s'occupa de ranimer leur courage et de les remplir de l'ardeur patriotique qui l'enflammait et dont il avait donné un si bel exemple les deux jours précédents, alors qu'il se montrait aux endroits les plus exposés, calme et impassible au passage des obus devant lesquels cependant les plus courageux courbaient instinctivement la tête. Il fut aux places les plus périlleuses, ne perdant pas une parcelle de son sang-froid au milieu du feu le plus meurtrier, indiquant aux soldats les endroits où ils devaient passer, les guidant dans leur tir et les avertissant du péril quand il devenait trop grand. Insouciant pour sa propre existence, il se montra soucieux de celles de ses enfants.

Sa mort est magnifique. Il se trouvait près de la grille d'une propriété. Une balle venait en ricochant de l'atteindre près de l'œil droit : « C'est fâcheux, s'écria-t-il, je vais être bien gêné, moi qui suis un bon tireur. »

De toutes parts, on le suppliait de se retirer, de se mettre à l'abri, car les Prussiens s'approchaient de plus en plus : mais

Baroche n'y prenait garde, s'exposant volontairement afin de mieux suivre les progrès de l'ennemi.

Ce qui était à craindre arriva : une balle vint le frapper en pleine poitrine. Sans prononcer une parole, il s'affaissa sur lui-même. Il était mort!

C'était un brave [1].

---

[1]. Il était fiancé à une jeune femme charmante, pleine de grâce et d'esprit, qu'il devait épouser après la guerre. Sa mort fut un deuil pour elle, qui l'attendait :

M. LE COMMANDANT BRASSEUR

M. le commandant Brasseur, du 28e de marche, est de ces officiers trop peu nombreux, malheureusement dans la dernière guerre, qui n'avaient pas oublié les traditions de la vieille bravoure française et qui, en toute occasion où il s'agit de relever le moral du soldat, paient sans hésitation de leur personne.

Nous l'avons vu au milieu de la mitraille la plus épouvantable, marcher sans sourciller à l'ennemi; nous l'avons vu, dans les jardins, essayer de ramener quelques troupes à la barricade principale abandonnée, ramasser quelques soldats et s'y porter à leur tête. C'était presque insensé. Les risques de mort étaient inévitables, car l'ennemi était déjà de l'autre côté.

En un instant, la moitié de ceux qui l'avaient suivi, tombèrent sous les balles ennemies. Le reste battit en retraite et on put le voir revenir seul, redescendre la rue avec le plus grand calme, sur un parcours de 200 mètres. Les projectiles pleuvaient de tous côtés. Il ne fut pas atteint.

Sur son passage, il exhortait nos soldats à la résistance. Enfin, il fut contraint de se réfugier dans une maison, car les Prussiens nous débordaient de toutes parts.

On lui signale leur présence dans un jardin; il regarde par une lucarne pour vérifier le fait. A peine il y présentait la tête, qu'une balle vint labourer son képi qu'elle traversa de part en part. Deux lignes plus bas elle le frappait mortellement.

C'est en pleurant qu'il rendit son épée des derniers. L'officier prussien à qui il la remit ne put s'empêcher de lui adresser un éloge pour sa belle conduite.

Cette épée glorieuse fut respectée. Le prince de Wurtemberg, il y a trois mois, la lui renvoya alors qu'il était encore
en captivité. Peut-être est-ce le seul cas, dans le cours de la
campagne, d'un pareil honneur rendu à un de nos officiers par
l'ennemi.

Laissera-t-on ce brave soldat sans récompense. La France
fera-t-elle moins que la Prusse ? Nous rougirions de le penser
un seul instant [1].

---

1. La conduite de MM. Baroche et Brasseur n'est-elle pas la condamna-
tion la plus éclatante des autres officiers supérieurs qui, après avoir pré-
paré la défaite, en évitèrent les conséquences et, même par leur *abandon*,
ne purent qu'en aggraver les résultats désastreux ?

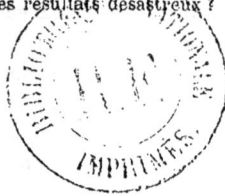

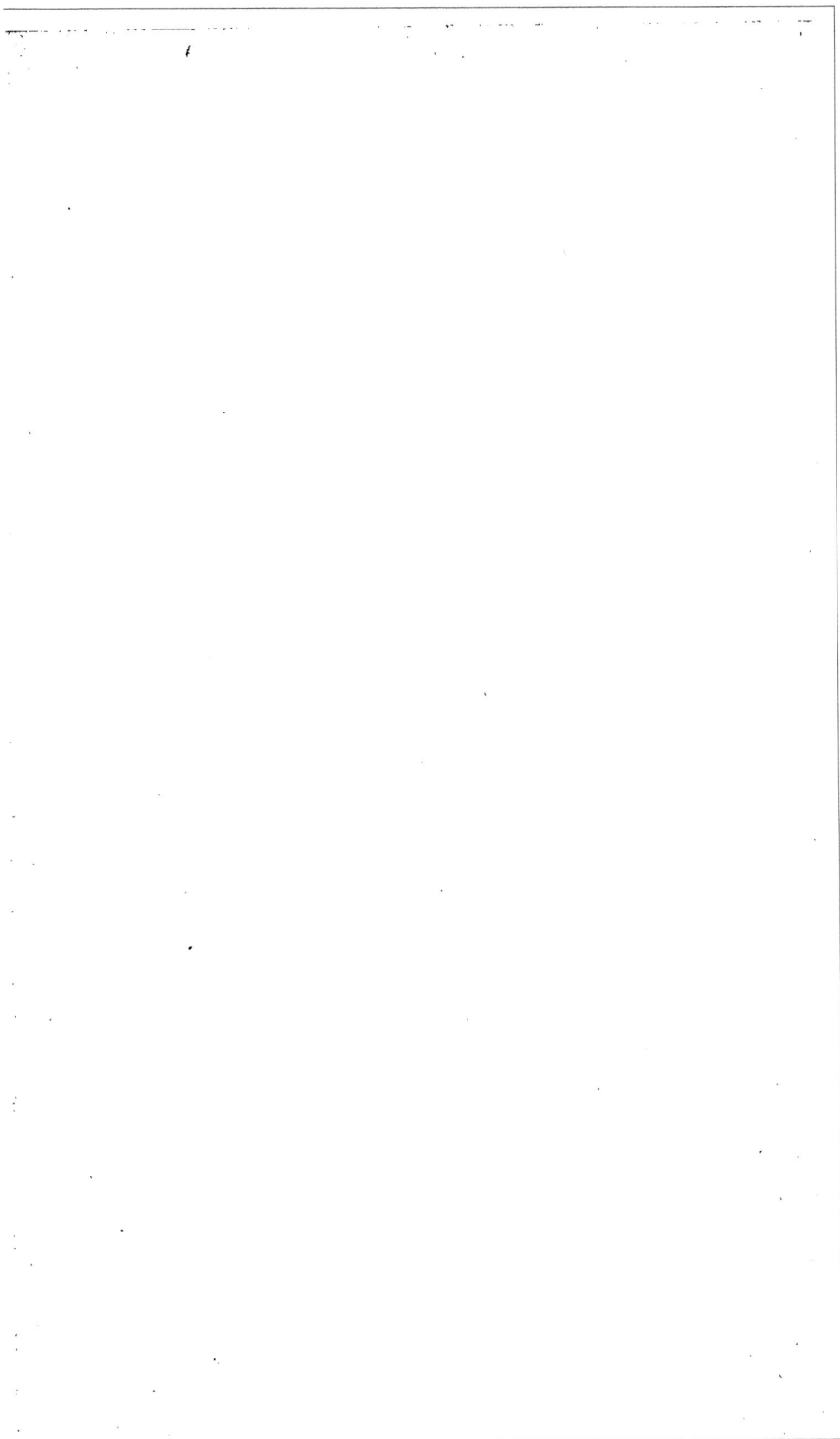

www.ingramcontent.com/pod-product-compliance
Lightning Source LLC
Chambersburg PA
CBHW070936280326
41934CB00009B/1905